GÊNERO, SEXUALIDADE E EDUCAÇÃO

Dados Internacionais de Catalogação na Publicação (CIP)
(Câmara Brasileira do Livro, SP, Brasil)

Louro, Guacira Lopes
Gênero, sexualidade e educação : Uma perspectiva pós-estruturalista / Guacira Lopes Louro. 16. ed. Petrópolis, RJ : Vozes, 2014.

Bibliografia.

13ª reimpressão, 2024.

ISBN 978-85-326-1862-7

1.Diferenças entre sexos na educação 2. Educação – Finalidades e objetivos 3. Feminismo e educação 4. Sociologia educacional I. Título.

97-3521   CDD-370.19345

Índices para catálogo sistemático:

1. Diferenças entre sexos na educação   370.19345
2. Feminismo e educação   370.19345
3. Gênero e educação   370.19345

Guacira Lopes Louro

GÊNERO, SEXUALIDADE E EDUCAÇÃO

Uma perspectiva pós-estruturalista

Petrópolis

© 1997, Editora Vozes Ltda.
Rua Frei Luís, 100
25689-900 Petrópolis, RJ
www.vozes.com.br
Brasil

Todos os direitos reservados. Nenhuma parte desta obra poderá ser reproduzida ou transmitida por qualquer forma e/ou quaisquer meios (eletrônico ou mecânico, incluindo fotocópia e gravação) ou arquivada em qualquer sistema ou banco de dados sem permissão escrita da editora.

CONSELHO EDITORIAL

Diretor
Volney J. Berkenbrock

Editores
Aline dos Santos Carneiro
Edrian Josué Pasini
Marilac Loraine Oleniki
Welder Lancieri Marchini

Conselheiros
Elói Dionísio Piva
Francisco Morás
Gilberto Gonçalves Garcia
Ludovico Garmus
Teobaldo Heidemann

Secretário executivo
Leonardo A.R.T. dos Santos

———————————————

Editoração e organização literária: Tomaz Tadeu da Silva
Diagramação: Tomaz Tadeu da Silva

ISBN 978-85-326-1862-7

Este livro foi composto e impresso pela Editora Vozes Ltda.

Sumário

Prefácio 7

Apresentação 11

1 A emergência do "gênero" 18
A mulher visível.
Gênero, sexo e sexualidade.
Desconstruindo e pluralizando os gêneros.

2 Gênero, sexualidade e poder 41
Diferenças e desigualdades: Afinal, quem é diferente?

3 A construção escolar das diferenças 61
A escolarização dos corpos e das mentes.
A fabricação das diferenças: sexismo e homofobia na
prática educativa.

4 O gênero da docência 92
Magistério: um trabalho de mulher?
Representações de professoras e professores

**5 Práticas educativas feministas:
proposições e limites 114**
Pedagogias feministas: argumentos e críticas.
Por uma prática educativa não sexista.
Educação sexual: o que fazer?

6 Uma epistemologia feminista 146
Desafios e subversões.
Tensões e alianças.

7 Para saber mais: revistas, filmes, *sites*, livros... 165

Referências bibliográficas 178

Prefácio

A profundidade e amplitude com que são tratadas as questões da mulher neste livro nos coloca o desafio de nós (professoras/es, atores e atrizes da educação brasileira) de fato repensarmos nossas práticas educacional, sindical e cotidiana e nos abastecer de uma nova teoria científica que leve em conta as mulheres como sujeitos. O que nos propõe Gênero, sexualidade e educação *é muito mais do que contar a história do feminismo ou da visibilidade à opressão sexista, em si, que recai sobre a mulher ao longo da história.*

Ao enfocar gênero como uma categoria de análise, a autora revê as teorias construídas pelas/os estudiosas/os feministas e propõe um pensamento plural, que analise a fundo as representações sociais e escape dos argumentos biológicos e culturais da desigualdade, os quais sempre têm o masculino como ponto referencial. O exercício que se propõe aqui é um rompimento com pensamento dicotômico: feminino em oposição ao masculino; razão/sentimento; teoria/prática; público/privado, etc. "Os sujeitos que constituem a dicotomia não são, de fato, apenas homens e mulheres, mas homens e mulheres de diferentes classes, raças, religiões, idades, etc., e suas solidariedades e antagonismos podem pro-

vocar os arranjos mais diversos perturbando a noção simplista e reduzida de homem dominante e mulher dominada."

Numa demorada passagem por Foucault, a autora expõe a rede de poder que permeia esta questão e nos diz que os gêneros se produzem na e pelas relações de poder. Portanto, se não são as mulheres desprovidas de poder e se o exercício do poder dá-se entre os sujeitos capazes de resistir, também é a ele inerente a liberdade. Para Foucault "Não há poder sem liberdade e sem potencial de revolta". A autora não deixa escapar, amparada por um mergulho teórico, outros pontos fundamentais que envolvem as questões de gênero: a linguagem, a sexualidade e a sala de aula, a homossexualidade, a construção da imagem da professora e do professor, a relação da construção das identidades de gênero e a questão racial.

Este livro instiga a pensar epistemologicamente as questões de Gênero e desprover-se das armas e dos preconceitos. As palavras fazem história, e é acreditando na força das palavras que a CNTE, através da Secretaria da Mulher, providenciou esta publicação e proporciona às/aos educadoras/es brasileiras/os a possibilidade de levar muito a sério, na prática educacional e nas construções teóricas, a formação das identidades de gênero e, é lógico, contribuir para barrar a discriminação e a violência que residem neste campo. Por fim, é um *privilégio termos a Professora Guacira Lopes Louro como interlocutora deste tema. Historiadora, pesquisadora reconhecida, ela tem protagonizado muitos outros feitos importantes nos estudos de gênero. Por isso, soube tão bem conduzir estas que são as dela e as nossas inquietações.*

As palavras que se seguem vão fazer história!

CARLOS AUGUSTO ABICALIL
Presidente da CNTE

NOEME DINÁ SILVA
Secretária da Mulher Trabalhadora da CNTE

Apresentação

Qualquer apresentação requer um conhecimento prévio. Parece que isso acontece tanto com pessoas quanto com livros. Portanto não surpreende ninguém o fato de que as apresentações ou as introduções dos livros sejam escritas por último, quando o trabalho está concluído e a autora (ou o autor) já disse, supostamente, tudo o que pretendia dizer. Escrevo a partir desta perspectiva, com os privilégios e os riscos que a cercam.

É o texto integral, no formato que ele afinal acabou por adquirir, que me permite dar um sentido ao livro. Ele é resultado de um processo longo e denso, não apenas na dimensão do tempo ou da intensidade do estudo, mas simplesmente na dimensão de minha vida. Apresentá-lo também é, de certa forma, apresentar-me. A marca feminista que hoje aparentamos (ele e eu) resulta de uma história. Se hoje me reconheço como uma estudiosa feminista, tenho convicção de que esta identidade foi sendo produzida, contestada, questionada e assumida em múltiplas relações e práticas cotidianas, ao longo de vários anos. Tal identidade (que continua se fazendo e se transformando) também é um resultado aberto e provisório. Encontros e desencontros que tive, questões e desafios que me foram feitos ou que eu própria me fiz constituem minha história e, de algum modo, a história deste livro. Talvez eu possa agora dar um sentido renovado – pessoal e político – a tudo isso.

Acho que eu não me via como feminista no final dos anos 60. Como não participava de nenhum grupo organizado que, intencionalmente, se ocupasse em discutir e mudar a "condição feminina", eu não me atribuía essa identidade. Na verdade, eu era muito mais uma "moça bem-comportada", normalista e depois estudiosa de História. Ser professora era mais do que uma possibilidade, parecia um *destino*. Filha de um professor universitário e de uma dona de casa, desde muito jovem ficou claro para mim (e para quem me cercava) que eu gostava de estudar, de ensinar e de aprender. Livros, revistas e filmes (muitos filmes!) ocupavam privilegiadamente meu cotidiano. O ambiente escolar e acadêmico foi, parece que desde sempre, um lugar "familiar". As regras e os valores das instituições educacionais foram-me transmitidos muito cedo; aprendi e manejei com habilidade a linguagem, os códigos, os gestos e os hábitos que me permitiram circular nas escolas, depois nas universidades, nas associações docentes, nos debates e nos encontros acadêmicos. Ali, cercada geralmente mais por mulheres do que por homens (pois afinal acabei me tornando professora de História da Educação num curso de Pedagogia), talvez tenha feito as primeiras aproximações explícitas com as discussões feministas. Novas condições sociais e culturais permitiam que se colocassem novas questões. Essas questões vinham das salas de aula e dos centros acadêmicos, de estudantes e de colegas; muitas vezes aconteciam depois de um filme ou de uma peça de teatro, no bar, inventadas junto com amigas e amigos, motivadas pelos encontros e desencontros afetivos, pelas "diferenças" que percebíamos entre nós...

Algumas das perguntas foram suficientemente instigantes para me lançar a uma tese de doutorado que se ocupava da "educação da mulher". Ao produzi-la, escolhendo como *locus* de estudo a escola onde fizera minha formação (dos cinco aos dezenove anos de idade), eu fazia também uma espécie de revisão, produzia um novo sentido para a história que vivera. Mas já não era mais apenas uma história pessoal, eu já aprendera, de algum modo, que "o pessoal é político" e reconhecia em minha trajetória as tramas sociais, via-me constituída pelo social e também sua constituidora, percebia-me como pertencendo a grupos (de classe, de etnia, de sexo, de gênero). Talvez eu não "soubesse" disso tudo naquele momento ou não fosse capaz de dizê-lo desta maneira, mas esses "marcadores sociais" estavam lá.

Aprendia, de modo muito intenso, a não mais me separar de meu projeto de investigação. (Teria sido isso possível, algum dia?) As perguntas que valiam a pena fazer, as pesquisas que importavam, as aulas ou os debates proveitosos, as lutas que faziam sentido lutar tinham a ver com as mulheres e os homens que eu conhecia ou que podia conhecer, tinham a ver comigo. As diferenças e desigualdades que me perturbavam não estavam apenas "lá fora", distantes, mas estavam se fazendo e refazendo constantemente, próximas, no cotidiano tinham a ver com minhas/nossas práticas sociais imediatas.

Após concluir o doutorado, a volta para minha universidade de origem teve sabor de um recomeço e também de novidade. Outros encontros, novos afetos, outros questionamentos e práticas ajudavam a produzir novas compreensões do social e do pessoal, do íntimo e do coletivo. Se eu continuava uma professora "dedicada" e inquieta, talvez fosse agora mais inconformada e ousasse mais. De algum modo o caráter de "boa moça", sempre ansiosa pela harmonia e pelo acordo, desestabilizava-se, e eu entendia que o desacordo algumas vezes pode ser valioso, que a divergência pode servir para esclarecer. Alargava-se (certamente não apenas para mim) o sentido e a natureza do político. Isso não acontecia por acaso, não fora "descoberto" numa discussão entre colegas, mas era consequência de um processo amplo no qual centenas de mulheres e homens estavam envolvidas/os. As questões eram feitas de múltiplos lugares, as perspectivas teóricas eram confrontadas e analisadas, as formas de intervir estendiam-se.

Essa história eu a vivia, evidentemente, com parceiras e parceiros. O livro tem a ver com tudo isso. É preciso que eu fale de algumas dessas parcerias.

Certamente a mais intensa e especial tem sido com o Tomaz, meu companheiro afetivo e intelectual. Ele reúne, de modo singular, a seriedade intelectual e acadêmica, o não conformismo e o comprometimento político. Tenho partilhado privilegiadamente de suas práticas e aprendido muito com ele. Para escrever este livro, tive seu desafio, sua confiança e seu apoio, sempre. Eu não poderia tê-lo escrito, deste modo, sem essa carinhosa parceria.

O Geerge – Grupo de Estudos de Educação e Relações de Gênero – que "inventamos" há alguns anos, representa o "lugar" mais constante das perguntas, da construção dos problemas e do aprofundamento dos estudos. Mas o Geerge, longe de ser uma entidade abstrata, é *gente*: Dagmar, Tania, Rosangela, Jane, Nara, Alex. Parceiras e parceiro de muitas tardes de discussão acalorada, de sentidos impasses teóricos e da construção de uma estreita amizade. Ali não se sabe (e também não importa) quem faz as perguntas, quem provoca o debate, quem discorda ou tem uma ideia notável: somos um grupo. Este livro nutriu-se deste grupo. É preciso também dizer da Gelsa, amiga sempre entusiasmada e vibrante, além de intelectual atenta e crítica. Seu olhar juntou-se aos olhares do Geerge na paciente leitura deste texto.

De modo especial com estas parcerias – mas não apenas com elas – fui me constituindo como uma estudiosa feminista e construindo o projeto deste livro. Ele revela, também, meus intensos laços familiares e carrega, é claro, marcas de minhas outras identidades e de minhas múltiplas posições.

Gênero, sexualidade e educação pretende ser um livro de "introdução" que, sem abrir mão da densidade teórica, possa também ser lido por um público mais amplo, articulando-se ao projeto de pesquisa que venho desenvolvendo com o apoio do CNPq. O livro apresenta alguns conceitos e teorizações recentes do campo dos Estudos Feministas e discute suas possíveis relações com a Educação. Em especial com a educação escolar. A emergência do conceito de "gênero", sua distinção e relações com referência a sexo e sexualidade, as intricadas redes de poder em que essas e outras categorias estão implicadas constituem tema para os dois primeiros capítulos. A observação sobre quem é "diferente" e a participação da escola na produção das diferenças continua e estende a discussão, trazendo também o aporte dos Estudos Culturais, dos Estudos Negros, dos Estudos Gays e Lésbicos. Os/as estudantes são, privilegiadamente, o foco da atenção do capítulo 3, enquanto que o seguinte se volta para as professoras e os professores e para as suas representações. As iniciativas pedagógicas feministas e as propostas de "educação sexual" são analisadas criticamente no capítulo 5 e, a seguir, o capítulo 6 trata dos desafios epistemológicos postos pela e para a pesquisa feminista, acentuando as tensões e as alianças que ali vêm sendo experimentadas mais recentemente. Por último, o capítulo 7 traz indicações de revistas, livros, filmes ou sites da internet para aqueles/as que desejam saber mais.

As características deste campo de estudos, marcadamente político e contemporâneo, impedem-no de ser visto como um campo teórico estável e sólido. Seu caráter de instabilidade e constante construção, sua proposta de auto-questionamento e de subversão de paradigmas científicos não são, no entanto, negados pelas estudiosas e estudiosos feministas. Muito pelo contrário, tais características têm sido reivindicadas como fundamentais para a produção de uma teorização fértil (e polêmica) e para a elaboração de distintas formas de intervenção social. Busco, dentro de minhas possibilidades, expressar essas marcas neste livro. Como outras/os, estudiosas/os de gênero e sexualidade, provavelmente trago mais perguntas, sugestões e possibilidades do que afirmações conclusivas. Acredito na importância de se fazer perguntas – é possível até que elas sejam mais importantes do que as respostas. Não serão as perguntas que nos permitem dar sentido às nossas práticas, aos nossos livros e às nossas vidas?

1
A emergência do gênero

Q uem confia nos dicionários (e desconfia do que ali não
está) talvez tenha resistências em iniciar este diálogo.
No sentido muito específico e particular que nos interessa
aqui, *gênero* não aparece no *Aurélio*[1]. Mas as palavras podem significar muitas coisas. Na verdade, elas são fugi-
dias, instáveis e têm múltiplos apelos...

Admitindo que as palavras têm história, ou melhor,
que elas fazem história, o conceito de gênero que pretendo
enfatizar está ligado diretamente à história do movimento
feminista contemporâneo constituinte desse movimento,
ele está implicado linguística e politicamente em suas lutas e, para melhor compreender o momento e o significado
de sua incorporação, é preciso que se recupere um pouco
de todo o processo.

Ações isoladas ou coletivas, dirigidas contra a opressão das mulheres, podem ser observadas em muitos e diversos momentos da História e, mais recentemente, algumas publicações, filmes etc. vêm se preocupando em reconhecer essas ações. No entanto, quando se refere ao feminismo como um movimento social organizado, esse é usualmente remetido, no Ocidente, ao século XIX.

Na virada do século, as manifestações contra a discriminação feminina adquiriram uma visibilidade e uma expressividade maior no chamado "sufragismo", ou seja, no movimento voltado para estender o direito do voto às mulheres. Com uma amplitude inusitada, alastrando-se por vários países ocidentais (ainda que com força e resultados desiguais), o sufragismo passou a ser reconhecido, posteriormente, como a "primeira onda" do feminismo. Seus objetivos mais imediatos (eventualmente acrescidos de reivindicações ligadas à organização da família, oportunidade de estudo ou acesso a determinadas profissões) estavam, sem dúvida, ligados ao interesse das mulheres brancas de classe média, e o alcance dessas metas (embora circunscrito a alguns países) foi seguido de uma certa acomodação no movimento.

Será no desdobramento da assim denominada "Segunda onda" – aquela que se inicia no final da década de 1960 – que o feminismo, além das preocupações sociais e políticas, irá se voltar para as construções propriamente teóricas. No âmbito do debate que a partir de então se trava, entre estudiosas e militantes, de um lado, e seus críticos ou suas críticas, de outro, será engendrado e problematizado o conceito de gênero.

Já se tornou lugar comum referir-se ao ano de 1968 como um marco da rebeldia e da contestação. A referência é útil para assinalar, de uma forma muito concreta, a manifestação coletiva da insatisfação e do protesto que já vinham sendo gestados há algum tempo. França, Estados Unidos, Inglaterra, Alemanha são locais especialmente notáveis para observarmos intelectuais, estudantes, negros, mulheres, jovens, enfim, diferentes grupos que, de muitos modos, expressam sua inconformidade e desencanto em relação aos tradicionais arranjos sociais e políticos, às grandes teorias universais, ao vazio formalismo acadêmico, à discriminação, à segregação e ao silenciamento. 1968 deve ser compreendido, no entanto, como uma referência a um processo maior, que vinha se constituindo e que continuara se desdobrando em movimentos específicos e em eventuais solidariedades.

É, portanto, nesse contexto de efervescência social e política, de contestação e de transformação, que o movimento feminista contemporâneo ressurge, expressando-se não apenas através de grupos de conscientização, marchas e protestos públicos, mas também através de livros, jornais e revistas. Algumas obras hoje clássicas – como, por exemplo, *Le deuxième sexe*, de Simone de Beauvoir (1949), *The feminine mystique*, de Betty Friedman (1963), *Sexual politics*, de Kate Millett (1969) – marcaram esse novo momento. Militantes feministas participantes do mundo acadêmico vão trazer para o interior das universidades e escolas questões que as mobilizavam, impregnando e "contaminando" o seu fazer intelectual – como estudiosas, docentes, pesquisadoras – com a paixão política. Surgem os *estudos da mulher*.

A mulher visível

Tornar visível aquela que fora ocultada foi o grande objetivo das estudiosas feministas desses primeiros tempos. A segregação social e política a que as mulheres foram historicamente conduzidas tivera como consequência a sua ampla invisibilidade como sujeito – inclusive como sujeito da Ciência.

É preciso notar que essa invisibilidade, produzida a partir de múltiplos discursos que caracterizaram a esfera do privado, o mundo doméstico, como o "verdadeiro" universo da mulher, já vinha sendo gradativamente rompida por algumas mulheres. Sem dúvida, desde há muito tempo, as mulheres das classes trabalhadoras e camponesas exerciam atividades fora do lar, nas fábricas, nas oficinas e nas lavouras. Gradativamente, essas e outras mulheres passaram a ocupar também escritórios, lojas, escolas e hospitais. Suas atividades, no entanto, eram quase sempre (como são ainda hoje, em boa parte) rigidamente controladas e dirigidas por homens e geralmente representadas como secundárias, "de apoio", de assessoria ou auxílio, muitas vezes ligadas à assistência, ao cuidado ou à educação. As características dessas ocupações, bem como a ocultação do rotineiro trabalho doméstico, passavam agora a ser observadas. Mais ainda, as estudiosas feministas iriam também demonstrar e denunciar a ausência feminina nas ciências, nas letras, nas artes.

Assim, os estudos iniciais se constituem, muitas vezes, em descrições das condições de vida e de trabalho das mulheres em diferentes instâncias e espaços. Estudos das áreas da Antropologia, Sociologia, Educação, Literatura etc. apontam ou comentam as desigualdades sociais, políticas, econômicas, jurídicas, denunciando a opressão e submetimento feminino. Contam, criticam e, algumas vezes, celebram as "características" tidas como femininas.

Com o objetivo de fazer avançar essas análises e acreditando na potencialidade dos empreendimentos coletivos, algumas mulheres vão fundar revistas, promover eventos, organizar-se em grupos ou núcleos de estudos... Às vezes transformados em guetos, mediante processos nos quais também têm responsabilidade e envolvimento, muitos desses grupos acabam por ser excluídos (e por se excluírem) da dinâmica mais ampla do mundo acadêmico. Torna-se comum a tendência de deixar que nesses espaços (e *apenas* neles) se tratem das questões relacionadas à mulher. Deste modo, propostas, que iam desde a "integração do universo feminino ao conjunto social" até pretensões mais ambiciosas de "subversão dos paradigmas teóricos vigentes", enfrentam muitas dificuldades para se impor. Há uma disposição para que pesquisadoras mulheres se ocupem em discutir ou construir uma História, uma Literatura, ou uma Psicologia *da mulher* – de algum modo perturbando pouco a noção de um universo feminino separado.

Seria, no entanto, um engano deixar de reconhecer a importância destes primeiros estudos. Acima de tudo, eles tiveram o mérito de transformar as até então esparsas referências às mulheres – as quais eram usualmente apresentadas como a exceção, a nota de rodapé, o desvio da regra masculina – em tema central. Fizeram mais, ainda: levantaram informações, construíram estatísticas, apontaram lacunas em registros oficiais, vieses nos livros escolares, deram voz àquelas que eram silenciosas e silenciadas, focalizaram áreas, temas e problemas que não habitavam o espaço acadêmico, falaram do cotidiano, da família, da sexualidade, do doméstico, dos sentimentos. Fizeram tudo isso, geralmente, com paixão, e esse foi mais um importante argumento para que tais estudos fossem vistos com reservas. Eles, decididamente, não eram neutros.

Coloca-se aqui, no meu entender, uma das mais significativas marcas dos Estudos Feministas: seu caráter político. Objetividade e neutralidade, distanciamento e isenção, que haviam se constituído, convencionalmente, em condições indispensáveis para o fazer acadêmico, eram problematizados, subvertidos, transgredidos. Pesquisas passavam a lançar mão, cada vez com mais desembaraço, de lembranças e de histórias de vida; de fontes iconográficas, de registros pessoais, de diários, cartas e romances. Pesquisadoras escreviam na primeira pessoa. Assumia-se, com ousadia, que as questões eram *interessadas*, que elas tinham origem numa trajetória histórica específica que construiu o lugar social das mulheres e que o estudo de tais questões tinha (e tem) pretensões de mudança.

Estudos sobre as vidas femininas – formas de trabalho, corpo, prazer, afetos, escolarização, oportunidades de expressão e de manifestação artística, profissional e política, modos de inserção na economia e no campo jurídico – aos poucos vão exigir mais do que descrições minuciosas e passarão a ensaiar explicações. Se para algumas as teorizações marxistas representarão uma referência fundamental, para outras as perspectivas construídas a partir da Psicanálise poderão parecer mais produtivas. Haverá também aquelas que afirmarão a impossibilidade de ancorar tais análises em quadros teóricos montados sobre uma lógica androcêntrica e que buscarão produzir explicações e teorias propriamente feministas, originando o "feminismo radical". Em cada uma dessas filiações teóricas usualmente se reconhece um móvel ou causa central para a opressão feminina e, em decorrência, se constrói uma argumentação que supõe a destruição dessa causa central como o caminho lógico para a emancipação das mulheres.

Essas diferentes perspectivas analíticas, embora fonte de debates e polêmica, não impedem que se observem motivação e interesses comuns entre as estudiosas. Numa outra posição estarão aquelas/es que justificam as desigualdades sociais entre homens e mulheres, remetendo-as, geralmente, às características biológicas. O argumento de que homens e mulheres são biologicamente distintos e que a relação entre ambos decorre dessa distinção, que é complementar e na qual cada um deve desempenhar um papel determinado secularmente, acaba por ter o caráter de argumento final, irrecorrível. Seja no âmbito do senso comum, seja revestido por uma linguagem "científica", a distinção biológica, ou melhor, a distinção sexual, serve para compreender – e *justificar* – a desigualdade social.

É imperativo, então, contrapor-se a esse tipo de argumentação. É necessário demonstrar que não são propriamente as características sexuais, mas é a forma como essas características são representadas ou valorizadas, aquilo que se diz ou pensa sobre elas que vai construir, efetivamente, o que é feminino ou masculino em uma dada sociedade e em um dado momento histórico. Para que se compreenda o lugar e as relações de homens e mulheres numa sociedade importa observar não exatamente seus sexos, mas sim tudo o que socialmente se construiu sobre os sexos. O debate vai se constituir, então, por meio de uma nova linguagem, na qual *gênero* será um conceito fundamental.

Gênero, sexo e sexualidade

É através das feministas anglo-saxãs que *gender* passa a ser usado como distinto de *sex*. Visando "rejeitar um determinismo biológico implícito no uso de termos como sexo ou diferença sexual", elas desejam acentuar, através da linguagem, "o caráter fundamentalmente social das distinções baseadas no sexo" (SCOTT, 1995, p. 72). O conceito serve, assim, como uma ferramenta analítica que é, ao mesmo tempo, uma ferramenta política.

Ao dirigir o foco para o caráter "fundamentalmente social", não há, contudo, a pretensão de negar que o gênero se constitui com ou sobre corpos sexuados, ou seja, não é negada a biologia, mas enfatizada, deliberadamente, a construção social e histórica produzida sobre as características biológicas. Como diz Robert Connell (1995, p. 189), "no gênero, a prática social se dirige aos corpos". O conceito pretende se referir ao modo como as características sexuais são compreendidas e representadas ou, então, como são "trazidas para a prática social e tornadas parte do processo histórico".

Pretende-se, dessa forma, recolocar o debate no campo do social, pois é nele que se constroem e se reproduzem as relações (desiguais) entre os sujeitos. As justificativas para as desigualdades precisariam ser buscadas não nas diferenças biológicas (se é que mesmo essas podem ser compreendidas fora de sua constituição social), mas sim nos arranjos sociais, na história, nas condições de acesso aos recursos da sociedade, nas formas de representação.

O conceito passa a ser usado, então, como um forte apelo relacional – já que é no âmbito das relações sociais que se constroem os gêneros. Deste modo, ainda que os estudos continuem priorizando as análises sobre as mulheres, eles estarão agora, de forma muito mais explícita, referindo-se também aos homens. Busca-se, intencionalmente, contextualizar o que se afirma ou se supõe sobre os gêneros, tentando evitar as afirmações generalizadas a respeito da "Mulher" ou do "Homem". Na medida em que o conceito afirma o caráter social do feminino e do masculino, obriga aquelas/es que o empregam a levar em consideração as distintas sociedades e os distintos momentos históricos de que estão tratando. Afastam-se (ou se tem a intenção de afastar) proposições essencialistas sobre os gêneros; a ótica está dirigida para um processo, para uma construção, e não para algo que existia *a priori*. O conceito passa a exigir que se pense de modo plural, acentuando que os projetos e as representações sobre mulheres e homens são diversos. Observa-se que as concepções de gênero diferem não apenas entre as sociedades ou momentos históricos, mas no interior de uma dada sociedade, ao se considerar os diversos grupos (étnicos, religiosos, raciais, de classe) que a constituem.

O que ocorre é, então, uma importante transformação nos Estudos Feministas – transformação essa que não se faz sem intensas discussões e polêmicas. Vale notar que, implicado linguística e politicamente no debate anglo-saxão, o termo não poderia ser simplesmente transposto para outros contextos sem que sofresse, também nesses novos espaços, um processo de disputa, de ressignificação e de apropriação. Assim, no Brasil, será já no final dos anos 80 que, a princípio timidamente, depois mais amplamente, feministas passarão a utilizar o termo "gênero".

A característica fundamentalmente social e relacional do conceito não deve, no entanto, levar a pensá-lo como se referindo à construção de *papéis* masculinos e femininos.

Papéis seriam, basicamente, padrões ou regras arbitrárias que uma sociedade estabelece para seus membros e que definem seus comportamentos, suas roupas, seus modos de se relacionar ou de se portar... através do aprendizado de papéis, cada um/a deveria conhecer o que é considerado adequado (e inadequado) para um homem ou para uma mulher numa determinada sociedade, e responder a essas expectativas. Ainda que utilizadas por muitos/as, essa concepção pode se mostrar redutora ou simplista. Discutir a aprendizagem de papéis masculinos e femininos parece remeter a análise para os indivíduos e para as relações interpessoais. As desigualdades entre os sujeitos tenderiam a ser consideradas no âmbito das interações face a face. Ficariam sem exame não apenas as múltiplas formas que podem assumir as masculinidades e as feminilidades, como também as complexas redes de poder que (através das instituições, dos discursos, dos códigos, das práticas e dos símbolos...) constituem hierarquias entre os gêneros.

A pretensão é, então, entender o gênero como constituinte da *identidade* dos sujeitos. E aqui nos vemos frente a outro conceito complexo, que pode ser formulado a partir de diferentes perspectivas: o conceito de identidade. Numa aproximação às formulações mais críticas dos Estudos Feministas e dos Estudos Culturais, compreendemos os sujeitos como tendo identidades plurais, múltiplas; identidades que se transformam, que não são fixas ou permanentes, que podem, até mesmo, ser contraditórias. Assim, o sentido de pertencimento a diferentes grupos – étnicos, sexuais, de classes, de gênero, etc. – constitui o sujeito e pode levá-lo a se perceber como se fosse "empurrado em diferentes direções", como diz Stuart Hall (1992, p. 4) ao afirmar que o gênero institui a identidade do sujeito (assim como a etnia, a classe, ou a nacionalidade, por exemplo) pretende-se referir, portanto, a algo que transcende o mero desempenho de papéis, a ideia é perceber o gênero *fazendo parte* do sujeito, constituindo-o. O sujeito *é* brasileiro, negro, homem, etc. Nessa perspectiva admite-se que as diferentes instituições e práticas sociais são constituídas pelos gêneros e são, também, constituintes dos gêneros. Estas práticas e instituições "fabricam" os sujeitos. Busca-se compreender que a justiça, a Igreja, as práticas educativas ou de governo, a política, etc. são atravessadas pelos gêneros: essas instâncias, práticas ou espaços sociais são "generificados" – produzem-se, ou "engendram-se", a partir das relações de gênero (mas não apenas a partir dessas relações, e sim, também, das relações de classe, étnicas, etc.)[2].

É importante que notemos que grande parte dos discursos sobre gênero de algum modo incluem ou englobam as questões de sexualidade (MAC AN GHAILL, 1996). Antes de avançarmos, no entanto, talvez seja importante tentar estabelecer algumas distinções entre gênero e sexualidade, ou entre identidades de gênero e identidades sexuais. É verdade que, ao fazer isso, corremos o risco de cair numa esquematização, já que na prática social tais dimensões são, usualmente, articuladas e confundidas.

Apenas mais recentemente alguns estudiosos e estudiosas estão buscando um refinamento nas análises, acentuando algumas distinções que podem ser importantes. Ao longo de seus estudos, Jeffrey Weeks (1993, p. 6) afirma inúmeras vezes que a "sexualidade tem tanto a ver com as palavras, as imagens, o ritual e a fantasia como com o corpo". Compartilhando da posição de muitos outros estudiosos e estudiosas, ele fala da impossibilidade de ser "compreender a sexualidade observando apenas seus componentes 'naturais'[...], esses ganham sentido através de processos inconscientes e formas culturais" (p. 21)[3]. Se Foucault foi capaz de traçar uma história da sexualidade (1988), isso aconteceu pelo fato de compreendê-la como uma "invenção social", ou seja, por entender que ela se constitui a partir de múltiplos discursos sobre sexo: discursos que regulam, que normalizam, que instauram saberes, que produzem "verdades".

Observamos que os sujeitos podem exercer sua sexualidade de diferentes formas, eles podem "viver seus desejos e prazeres corporais" de muitos modos (WEEKS, apud BRITZMAN, 1996). Suas *identidades sexuais* se constituiriam, pois, através das formas como vivem sua sexualidade, com parceiros/as do mesmo sexo, do sexo oposto, de ambos os sexos ou sem parceiros/as. Por outro lado, os sujeitos também se identificam, social e historicamente, como masculinos ou femininos e assim constroem suas *identidades de gênero*. Ora é evidente que essas identidades (sexuais e de gênero) estão profundamente inter-relacionadas; nossa linguagem e nossas práticas muito frequentemente as confundem, tornando difícil pensá-las distintivamente. No entanto, elas não são a mesma coisa. Sujeitos masculinos ou femininos podem ser heterossexuais, homossexuais, bissexuais (e, ao mesmo tempo, eles também podem ser negros, brancos, ou índios, ricos ou pobres etc.). O que importa aqui considerar é que – tanto na dinâmica do gênero como na dinâmica da sexualidade – as identidades são sempre *construídas*, elas não são dadas ou acabadas num determinado momento. Não é possível fixar um momento – seja esse o nascimento, a adolescência, ou a maturidade – que possa ser tomado como aquele em que a identidade sexual e/ou a identidade de gênero seja "assentada" ou estabelecida. As identidades estão sempre se constituindo, elas são instáveis e, portanto, passíveis de transformação.

Deborah Britzman (1996, p. 74) afirma:

> *Nenhuma* identidade sexual – mesmo a mais normativa – é automática, autêntica, facilmente assumida; *nenhuma* identidade sexual existe sem negociação ou construção. Não existe, de um lado, uma identidade heterossexual lá fora, pronta, acabada, esperando para ser assumida e, de outro, uma identidade homossexual instável, que deve se virar sozinha. Em vez disso, toda identidade sexual é um constructo instável, mutável e volátil, uma *relação social* contraditória e não finalizada (grifos da autora).

É possível pensar as identidades de gênero de modo semelhante: elas também estão continuamente se construindo e se transformando. Em suas relações sociais, atravessadas por diferentes discursos, símbolos, representações e práticas, os sujeitos vão se construindo como masculinos ou femininos, arranjando e desarranjando seus lugares sociais, suas disposições, suas formas de ser e de estar no mundo. Essas construções e esses arranjos são sempre transitórios, transformando-se não apenas ao longo do tempo, historicamente, como também transformando-se na articulação como as histórias pessoais, as identidades sexuais, étnicas, de raça, de classe...

Mais uma observação a ser feita: alguns estudiosos e estudiosas (como Judith Butler) vêm sugerindo que usualmente pensamos e trabalhamos sobre gênero "numa matriz heterossexual". Contudo, Butler (apud MAC AN GHAILL, 1996, p. 198) diz que

> [...] é crucial manter uma conexão não causal e não redutiva entre gênero e sexualidade. Exatamente devido ao fato de a homofobia operar muitas vezes através da atribuição aos homossexuais de um gênero defeituoso, de um gênero falho ou mesmo abjeto, é que se chama os homens gay de "femininos" ou se chama as mulheres lésbicas de "masculinas".

A homofobia, o medo voltado contra os/as homossexuais, pode se expressar ainda numa espécie de "terror em relação à perda do gênero", ou seja, no terror de não ser mais considerado como um homem ou uma mulher "reais" ou "autênticos/as". Por tudo isso, Judith afirma que é "crucial manter um aparato teórico que leve em consideração o modo como a sexualidade é regulada através do policiamento e da censura do gênero".

Desconstruindo e pluralizando os gêneros

Ainda que gênero, enquanto categoria analítica, passe a ser utilizado, com maior ou menor propriedade e ajustamento, no contexto de vários paradigmas teóricos, uma parte significativa das formulações produzidas pelas/os feministas atuais estabelece articulações entre essa conceptualização e algumas teorizações pós-estruturalistas. Na verdade, seria difícil supor que movimentos contemporâneos (no caso, o feminismo e o pós-estruturalismo, ambos se construindo em meio à efervescência intelectual do final dos anos 60) deixassem de produzir efeitos mútuos e fossem capazes de se manter isolados.

Expressando-se de formas diversas, por vezes aparentemente independentes, feministas e pós-estruturalistas compartilham das críticas aos sistemas explicativos globais da sociedade; apontam limitações ou incompletudes nas formas de organização e de compreensão do social abraçadas pelas esquerdas; problematizam os modos convencionais de produção e divulgação do que é admitido como ciência; questionam a concepção de um poder central e unificado regendo o todo social, etc.

As produções dos/as pensadores pós-estruturalistas e feministas terão, pois, pontos de contato, mesmo que sejam também evidentes algumas zonas de discordância ou atrito. Acentua-se e amplia-se, assim, o debate entre as/os estudiosas/os feministas, na medida em que a apropriação de *insights* ou conceitos pós-estruturalistas é assumida por algumas/alguns e rejeitada por outras/outros.

Entre as estudiosas mais conhecidas nesse campo está Joan Scott, historiadora norte-americana que escreve, em 1986, um artigo instigante: *Gender: a useful category of historical analysis*. Traduzido e divulgado no Brasil[4], o texto passa a ser utilizado amplamente por aquelas/es interessadas/os nas relações de gênero. No entanto, as implicações teóricas da abordagem de Scott talvez tenham sido, muitas vezes, observadas um tanto superficialmente, que já seu estudo serve de suporte a trabalhos marcados pelas mais diversas perspectivas (LOURO, 1995a). Ela não esconde, entretanto, que toma de empréstimo alguns conceitos pós-estruturalistas, em especial elaborados por Michel Foucault e Jacques Derrida. Não nega, também, que, para uma historiadora oficial feminista, aproximar-se e apropriar-se de teorizações feitas no campo da Filosofia e da Teoria Literária foi difícil. Por tudo isso é possível compreender que ideias que ela propõe tenham sido férteis e, ao mesmo tempo, perturbadoras.

Um ponto importante em sua argumentação é a ideia de que é preciso *desconstruir* o "caráter permanente da oposição binária" masculino-feminino. Em outras palavras: Joan Scott observa que é constante nas análises e na compreensão das sociedades um pensamento dicotômico e polarizado sobre os gêneros; usualmente se concebem homem e mulher como polos opostos que se relacionam dentro de uma lógica invariável de dominação-submissão. Para ela seria indispensável implodir essa lógica.

Scott não está sozinha nessas observações, outras estudiosas e estudiosos também apontam as limitações implícitas nessa rígida visão polarizada. A base de algumas dessas argumentações pode ser encontrada em Jacques Derrida. Lembra esse filósofo que o pensamento moderno foi e é marcado pelas dicotomias (presença/ausência, teoria/prática, ciência/ideologia etc.). No "jogo das dicotomias" os dois polos diferem e se opõem e, aparentemente, cada um é uno e idêntico a si mesmo. A dicotomia marca, também, a superioridade do primeiro elemento. Aprendemos a pensar e a nos pensar dentro dessa lógica e abandoná-la não pode ser tarefa simples. A proposição de *desconstrução* das dicotomias – problematizando a constituição de cada polo, demonstrando que cada um na verdade supõe e contém o outro, evidenciando que cada polo não é uno, mas plural, mostrando que cada polo é, internamente, fraturado e dividido – pode se constituir numa estratégia subversiva e fértil para o pensamento.

Desconstruir a polaridade rígida dos gêneros, então, significaria problematizar tanto a oposição entre eles quanto a unidade interna de cada um. Implicaria observar que o polo masculino contém o feminino (de modo desviado, postergado, reprimindo) e vice-versa; implicaria também perceber que cada um desses polos é internamente fragmentado e dividido (afinal não existe a *mulher*, mas várias e diferentes mulheres que não são idênticas entre si, que podem ou não ser solidárias, cúmplices ou opositoras).

Por outro lado, essa eterna oposição binária usualmente nos faz equiparar, pela mesma lógica, outros pares de conceitos, como "produção-reprodução", "público-privado", "razão-sentimento", etc. tais pares correspondem, é possível imediatamente perceber, ao masculino e ao feminino, e evidenciam a prioridade do primeiro elemento, do qual o *outro se deriva*, conforme supõe o pensamento dicotômico. Ora, é fácil concluir que essa lógica é problemática para a perspectiva feminista, já que ela nos "amarra" numa posição que é, aparentemente, consequente e inexorável. Uma lógica que parece apontar para um lugar "natural" e fixo para cada gênero.

A desconstrução trabalha contra essa lógica, faz perceber que a oposição é construída e não inerente e fixa. A desconstrução sugere que se busque os processos e as condições que estabeleceram os termos da polaridade. Supõe que se historicize a polaridade e a hierarquia nela implícita.

Teresa de Lauretis (1986, p. 12), uma importante estudiosa feminista, lembra que o próprio "significado da diferença sexual" é colocado em termos de oposição ("nature-za ou cultura, biologia ou socialização"), o que é um modo de compreensão que está muito próximo da conhecida expressão "anatomia destino". Há pouco avanço, segundo Teresa, em se dizer que a diferença sexual é cultural; o problema que permanece é o de conceber as diferenças (sejam elas consideradas culturais, sociais, subjetivas) "em relação ao homem – sendo ele a medida, o padrão, a referência de todo discurso legitimado".

A lógica dicotômica carrega essa ideia. Em consequência, essa lógica supõe que a relação masculino-feminino constitui uma oposição entre um polo dominante e outro dominado – e essa seria a única e permanente forma de relação entre os dois elementos. O processo desconstrutivo permite perturbar essa ideia de relação de via única e observar que o poder se exerce em várias direções. O exercício do poder pode, na verdade, fraturar e dividir internamente cada termo da oposição. Os sujeitos que constituem a dicotomia não são, de fato, apenas homens e mulheres, mas homens e mulheres de várias classes, raças, religiões, idades, etc. e suas solidariedades e antagonismos podem provocar os arranjos mais diversos, perturbando a noção simplista e reduzida de "homem dominante *versus* mulher dominada". Por outro lado, não custa reafirmar que os grupos dominados são, muitas vezes, capazes de fazer dos espaços e das instâncias de opressão lugares de resistência e de exercício de poder.

Uma das consequências mais significativas da desconstrução dessa oposição binária reside na possibilidade que abre para que se compreendam e incluam as diferentes formas de masculinidade e feminilidade que se constituem socialmente. A concepção dos gêneros como se produzindo dentro de uma lógica dicotômica implica um polo que se contrapõe a outro (portanto uma ideia *singular* de masculinidade e de feminilidade), e isso supõe ignorar ou negar todos os sujeitos sociais que não se "enquadram" em uma dessas formas. Romper a dicotomia poderá abalar o enraizado caráter heterossexual que estaria, na visão de muitos/as, presente no conceito "gênero". Na verdade, penso que o conceito só poderá manter sua utilidade teórica à medida que incorporar esses questionamentos. Mulheres e homens, que vivem feminilidades e masculinidades de formas diversas das hegemônicas e que, portanto, muitas vezes não são representadas/os ou reconhecidas/os como "verdadeiras/verdadeiros" mulheres e homens, fazem críticas a esta estrita e estreita concepção binária.

Vale notar que as críticas a tal concepção são também feitas por outras feministas que percebem o conceito como extremamente marcado por sua origem acadêmica, branca, de classe média. Sendo assim, a menos que se desconstrua a polarização dos gêneros e se problematize a identidade no interior de cada polo, se deixará de contemplar os interesses, as experiências e os questionamentos de muitas mulheres, como os das mulheres não brancas e as lésbicas (bem como se deixarão de fora as diferentes formas de masculinidade).

"Paradoxalmente", como diz Teresa de Lauretis (1994, p. 209), "a construção do gênero também se faz por meio de sua desconstrução". Ao aceitarmos que a construção do gênero é histórica e se faz incessantemente, estamos entendendo que as relações entre homens e mulheres, os discursos e as representações dessas relações estão em constante mudança. Isso supõe que as identidades de gênero estão continuamente se transformando. Sendo assim, é indispensável admitir que até mesmo as teorias e as práticas feministas – com suas críticas aos discursos sobre gênero e suas propostas de descontração – estão construindo gênero.

Notas

1. No *Dicionário Aurélio* (1994) aparece uma série de definições para gênero, desde seus significados no âmbito da Lógica, da Biologia, da Gramática, até usos mais correntes como "maneira, modo, estilo", "classe ou natureza do assunto abordado por um artista" ou, ainda, expressões classificadas como gíria: "fazer gênero" ("fingir ser o que não é") e "não fazer o gênero de" ("não estar conforme a opinião ou gosto de 'alguém'; não agradar a").

2. Vale notar que o *American Heritage Dictionary* inclui, entre suas definições, *gender* como "sexual identity, especially in relation to society or culture", acrescentando também o verbo *to gender* (como sinônimo de *to engender*, o que se poderia traduzir por engendrar, criar, produzir). Por outro lado, o *Dicionário Aurélio* ainda permanece sem registrar nenhuma conotação próxima à reclamada pelos Estudos Feministas.

3. Para Jeffrey Weeks (1993, p. 21) não existem relações simples ou fáceis entre "sexo" e "sociedade"; qualquer forma de pensar que separe essas duas instâncias resulta num reducionismo. "As

possibilidades eróticas do animal humano, sua capacidade de ternura, intimidade e prazer nunca podem ser expressadas 'espontaneamente', sem transformações muito complexas: organizam-se numa intrincada rede de crenças, conceitos e atividades sociais, numa história complexa e cambiante.

4. O artigo, publicado inicialmente em 1986 no *American Historical Review*, 91 (5), posteriormente integrou o livro de Joan Scott, *Gender and Politics of History* (Nova York, Columbia University Press, 1988). Uma tradução em português, realizada por mim, a partir do texto em francês (*Les cahier de GRIF*, de 1988), foi publicada na revista *Educação e Realidade*, 16(2), de 1990. Uma nova tradução, revista por Tomaz Tadeu da Silva, do original em inglês, foi publicada em *Educação e Realidade*, 20(2), de 1995.

2
Gênero, sexualidade e poder

Os Estudos Feministas estiveram sempre centralmente preocupados com as relações de poder. Como já foi salientado, inicialmente esses estudos procuraram demonstrar as formas de silenciamento, submetimento e opressão das mulheres. A exposição dessas situações parece ter sido indispensável para que se visibilizasse aquelas que, histórica e linguisticamente, haviam sido negadas ou secundarizadas. Mas se a denúncia foi imprescindível, ela também permitiu, algumas vezes, que se cristalizasse uma vitimização feminina ou, em outros momentos, que se culpasse a mulher por sua condição social hierarquicamente subordinada. De qualquer modo, a concepção que atravessou grande parte dos Estudos Feministas foi (e talvez ainda seja) a de um homem dominante *versus* uma mulher dominada – como se essa fosse uma fórmula única, fixa e permanente.

No entanto, já há algum tempo, alguns estudiosos e estudiosas vêm problematizando essa concepção. Por um lado, são enfatizadas as formas e locais de resistência feminina; por outro lado, são observadas as perdas ou os custos dos homens no exercício de sua "superioridade" social; além disso, o movimento gay e o movimento de mulheres lésbicas também vêm demonstrando que o esquema polarizado linear não dá conta da complexidade social. Nos últimos anos, a leitura de Michel Foucault por estudiosas/os das relações de gênero resultou em novos debates e, de um modo especial, trouxe contribuições para as discussões sobre as relações de poder.

Aquelas/es que se aproximam de Foucault provavelmente concordam que o poder tem um lugar significativo em seus estudos e que sua "analítica do poder" é inovadora e instigante. Foucault desorganiza as concepções convencionais – que usualmente remetem à centralidade e à posse do poder – e propõe que observemos o poder sendo exercido em muitas e variadas direções, como se fosse uma rede que, "capilarmente", se constitui por toda a sociedade. Para ele, o poder deveria ser concebido mais como "uma estratégia"; ele não seria, portanto, um privilégio que alguém possui (e transmite) ou do qual alguém se "apropria". Mais preocupado com os efeitos do poder, Foucault diz que seria importante que se percebesse esses efeitos como estando vinculados "a disposições, a manobras, a táticas, a técnicas, a funcionamentos" (FOUCAULT, 1987, p. 29).

No contexto desse referencial teórico fica extremamente problemático aceitar que um polo *tem* o poder – estavelmente – e outro, não. Em vez disso, deve-se supor que o poder é exercido pelos sujeitos e que tem efeitos sobre suas ações. Torna-se central pensar no *exercício do poder*;

exercício que se constitui por "manobras", "técnicas", "disposições", as quais são, por sua vez, resistidas e contestadas, respondidas, absorvidas, aceitas ou transformadas. É importante notar que, na concepção de Foucault, o exercício do poder sempre se dá entre sujeitos que são capazes de resistir (pois, caso contrário, o que se verifica, segundo ele, é uma relação de violência). Antonio Maia (1995, p. 89), estudando a "analítica do poder de Foucault", afirma:

> Há nas relações de poder um enfrentamento constante e perpétuo. Como corolário desta ideia teremos que estas relações não se dão onde não haja liberdade. Na definição de Foucault a existência de liberdade, garantindo a possibilidade de reação por parte daqueles sobre os quais o poder é exercido, apresenta-se como fundamental. Não há poder sem liberdade e sem potencial de revolta.

A polaridade fixa é, pois, impossível dentro de seu raciocínio. De fato, Foucault acrescenta que se deve buscar observar o poder como "uma rede de relações sempre tensas, sempre em atividade". Sugere que, preferentemente, se dê ao poder "mais como modelo a batalha perpétua do que o contrato que faz uma cessão ou uma conquista que se apodera de um domínio" (FOUCAULT, 1987, p. 29).

Tais referências podem ser úteis para os Estudos Feministas. Afinal, homens e mulheres, através das mais diferentes práticas sociais, constituem relações em que há constantemente, negociações, avanços, recuos, consentimentos, revoltas, alianças. Talvez uma interessante representação dessas práticas seja imaginá-las como semelhantes a jogos em que os participantes estão sempre em atividade, em vez de reduzi-las, todas, a um esquema mais ou menos fixo e que um dos "contendores" é, por antecipação e para sempre, o vencedor. Isso não significa, no entanto, desprezar o fato de que as mulheres (e também os homens que não compartilham da masculinidade hegemônica) tenham, mais frequente e fortemente, sofrido manobras de poder que os constituem como o *outro*, geralmente subordinado ou submetido – mais tais manobras não as/os anularam como sujeitos. Nas palavras de Foucault (1988, p. 91): "lá onde há poder, há resistência e, no entanto (ou melhor, por isso mesmo) esta nunca se encontra em posição de exterioridade em relação ao poder". A resistência – ou melhor, "a multiplicidade de pontos de resistência" – seria inerente ao exercício do poder.

As concepções tradicionais são também perturbadas por outro *insight* de Foucault, que consiste em perceber o poder não apenas como coercitivo e negativo, mas como *produtivo* e positivo. O poder não apenas nega, impede, coíbe, mas também "faz", produz, incita. Chamando a atenção para as minúcias, para os detalhes, para táticas ou técnicas aparentemente banais, ele nos faz observar que o poder produz sujeitos, fabrica corpos dóceis, induz comportamentos, "aumenta a utilidade econômica" e "diminui a força política" dos indivíduos (MACHADO, 1993, p. XVI).

Homens e mulheres certamente não são construídos apenas através de mecanismos de repressão ou censura, eles e elas se fazem, também, através de práticas e relações que *instituem* gestos, modos de ser e de estar no mundo, formas de falar e de agir, condutas e posturas *apropriadas* (e, usualmente, diversas). Os gêneros se produzem, portanto, nas e pelas relações de poder.

Certamente se poderia estender a reflexão para além dessas ideias sobre o "poder disciplinar" – o qual constituiu, através de práticas cotidianas e de técnicas minuciosas, os sujeitos. O conceito Foucaultiano de "biopoder", ou seja, o poder de controlar as populações, de controlar o "corpo-espécie" também parece ser útil para que se pense no conjunto de disposições e práticas que foram, historicamente, criadas e acionadas para controlar homens e mulheres. Nelas é possível identificar estratégias e determinações que, de modo muito direto, instituíram lugares socialmente diferentes para os gêneros, ao tratarem, por exemplo, de "medidas de incentivo ao casamento e procriação". Aqui também se trata de um poder que é exercido sobre os corpos dos sujeitos, ainda que agora esses sejam observados de um modo mais coletivo – trata-se do "corpo-molar da população". As relações entre os gêneros continuam, sem dúvida, objeto de atenção, uma vez que distintas estratégias procuram intervir nos agrupamentos humanos, buscando regular e controlar taxas de nascimento e mortalidade, condições de saúde, expectativas de vida, deslocamentos geográficos, etc.

As lentes de Foucault ainda poderiam provocar outros olhares sobre as relações de poder entre os gêneros: a normalização da conduta dos meninos e meninas, a produção dos saberes sobre a sexualidade e os corpos, as táticas e as tecnologias que garantem o "governo" e o "autogoverno" dos sujeitos... Deixo de desenvolver essas ideias aqui, uma vez que elas serão retomadas ao longo dos outros capítulos. Sem dúvida o governo das crianças e das mulheres, exercido pelos homens (pais, magistrados, religiosos, médicos), bem como o "governo de si" (objetivo final dos múltiplos processos educativos exercidos sobre meninos e meninas, homens e mulheres) ocuparão nossa atenção quando nos voltarmos mais diretamente para o campo da Educação.

Essas indicações básicas sobre as relações de poder entre os gêneros podem ser provisoriamente arrematadas por palavras do filósofo que acenam para a despolarização de nosso pensamento. Diz Foucault (1988, p. 96):

> [...] não se deve imaginar um mundo do discurso dividido entre o discurso admitido e o discurso excluído, ou entre o discurso dominante e o dominado; mas, ao contrário, como uma multiplicidade de elementos discursivos que podem entrar em estratégias diferentes. [...] Os discursos, como os silêncios, nem são submetidos de uma vez por todas ao poder, nem opostos a ele. É preciso admitir um jogo complexo e instável em que o discurso pode ser, ao mesmo tempo, instrumento e efeito de poder, e também obstáculo, escora, ponto de resistência e ponto de partida de uma estratégia oposta. O discurso veicula e produz poder; reforça-o, mas

também o mina, expõe, debilita e permite barrá-lo. Da mesma forma, o silêncio e o segredo dão guarida ao poder, fixam suas interdições; mas, também, afrouxam seus laços e dão margem a tolerâncias mais ou menos obscuras.

Diferenças e desigualdades:
Afinal, quem é diferente?

No interior das redes de poder, pelas trocas e jogos que constituem o seu exercício, são instituídas e nomeadas as diferenças e desigualdades. Certamente essas distinções se referem às várias categorias ou, como diz Deborah Britzman (1996), aos diversos "marcadores sociais": gênero, classe, sexualidade, aparência física, nacionalidade, etnia... Aqui vamos nos voltar de modo privilegiado (ainda que não exclusivo) para o gênero e a sexualidade, buscando observar como são fixadas as diferenças nesses terrenos.

Dizer que as mulheres são diferentes dos homens se constitui, a princípio, numa afirmação irrefutável. Afirmação que é acompanhada, frequentemente, da exclamação: "E viva a diferença!" Muito se poderia pensar sobre isso. Inicialmente, parece evidente que a diferença a que se está aludindo aqui, de modo irrecorrível, remete-se a um *estrito* ou *estreito* domínio biológico – mais explicitamente, ao domínio sexual. (E voltaríamos a questionar: existe um domínio biológico que possa ser compreendido fora do social? É possível separar cultura e biologia?). Não é preciso grande esforço para perceber que a frase é suficientemente sintética para permitir representar *muitos* atributos nessa nomeação de "diferença". É possível observar, também, que usualmente se diz: "as mulheres são diferentes dos homens", ou seja, *elas diferem deles* – que devem ser tomados como a norma. Vale então repetir a reflexão de Terry Eagleaton (1983, p. 143): "a mulher é o oposto, 'o outro' do homem: ela é o não homem, o homem a que falta algo..." Mas a exclamação que segue – "Viva a diferença!" – talvez seja ainda mais problemática. Essa saudação ou elogio da diferença, proferida por homens e por mulheres, parece implicar (queiram ou não aqueles/as que a emitem) uma conformação ao *status quo* das relações entre os gêneros, ou seja, parece indicar que se aceita (ou até que se "vê com bons olhos") essas relações tal como elas estão atualmente constituídas.

É necessário, então, aprofundarmos um pouco essa questão. Nos discursos atuais, o apelo à diferença está se tornando quase um lugar-comum (o que já nos leva a sermos cautelosas/os, desconfiando de seu uso irrestrito). Certamente o caráter político que a questão teve (e tem) no âmbito dos Estudos Feministas e dos Estudos Culturais não pode ser o mesmo com que ela é admitida e repetida pelos setores mais tradicionais, pela mídia ou até pela nova direita.

Ainda que a expressão "diferença" possa – como de resto qualquer outra – adquirir diferentes significados em diferentes contextos sociais, políticos ou culturais, é para a sua importância no campo do feminismo que vamos nos voltar aqui. Se a primeira referência, nesse campo, acena para a distinção *entre os gêneros*, é importante observar que ela também está carregada da afirmação da diferença *entre as mulheres*.

Relacionada, a princípio, às distinções biológicas, a diferença entre os gêneros serviu para explicar e justificar as mais variadas distinções entre mulheres e homens. Teorias foram construídas e utilizadas para "provar" distinções físicas, psíquicas, comportamentais; para indicar diferentes habilidades sociais, talentos ou aptidões; para justificar os lugares sociais, as possibilidades e os destinos "próprios" de cada gênero. O movimento feminista vai, então, se ocupar centralmente dessa diferença – e de suas consequências.

A diferença entre as mulheres, reclamada, num primeiro momento, pelas mulheres de cor[1], foi, por sua vez, desencadeadora de debates e rupturas no interior do movimento feminista. Com o acréscimo dos questionamentos trazidos pelas mulheres lésbicas os debates tornaram-se ainda mais complexos, acentuando a diversidade de histórias, de experiências e de reivindicações das muitas (e diferentes) mulheres.

Mas o que estava centralmente implicado em todas essas discussões eram as relações de poder que ali se construíram e se pretendiam fixar. Importava saber *quem* definia a diferença, *quem* era considerada diferente, o que significava ser diferente. O que estava em jogo, de fato, eram *desigualdades*.

A esse propósito, Joan Scott (1988) aponta o equívoco de se conceber o par "diferença-igualdade" como um "dilema", ao qual as feministas teriam necessariamente de se entregar. Lembra que a luta primeira se centrava na reivindicação da igualdade entre as mulheres e os homens (igualdade social, política, econômica). Avançando em suas teorizações, o feminismo vai responder à "acusação" da diferença transformando-a numa afirmação, ou seja, não apenas reconhecendo, mas procurando valorizar, positivamente, a diferença entre mulheres e homens. Críticos do movimento vão, então, colocar essas duas proposições – igualdade *ou* diferença – como alternativas inconciliáveis. Afinal, dizem eles, o que querem as mulheres, o que buscam afirmar: a igualdade ou a diferença? Scott observa que esse desafio representa uma armadilha, é uma "falsa dicotomia", já que igualdade é um conceito político que supõe a diferença. Segundo ela, não há sentido em se reivindicar a igualdade para sujeitos que são idênticos, ou que são os mesmos. Na verdade, reivindica-se que sujeitos diferentes sejam considerados não como idênticos, mas como equivalentes.

O que Joan procura fazer, com essa argumentação, é dar sentido a alguns "momentos" e problematizações colocadas para e pelos Estudos Feministas. Aqui nos interessa salientar, acima de tudo, o fato de que a atribuição da diferença está *sempre* implicada em relações de poder, a diferença é nomeada *a partir* de um determinado lugar que se coloca como referência.

Estudiosas e estudiosos ligados aos estudos lésbicos, estudos de etnia e de raça têm contribuído particularmente para a teorização e também para a proposição de práticas políticas e educativas atentas à diferença. Suas contribuições vêm representando uma importante oxigenação dos Estudos Feministas, implodindo suas características iniciais de uma construção teórica marcadamente conduzida por mulheres brancas, heterossexuais, urbanas e de classe média. Essas discussões também representam, é claro, desestabilização, e exigem uma capacidade de contínuo questionamento e problematização. Isso não é facilmente assimilável por aquelas/es que buscam lidar com paradigmas permanentes, ligados a uma concepção mais "dura" de ciência e que desejam operar dessa forma no campo dos Estudos Feministas. Teresa de Lauretis (1986, p. 14) é provocativa a esse respeito:

> [...] um quadro de referência feminista que sirva para tudo não existe. Ele tampouco deveria, jamais, ser um pacote pronto para usar. Nós precisamos continuar construindo esse quadro, um quadro absolutamente flexível e reajustável, a partir da própria experiência das mulheres com relação à diferença, a partir de nossa diferença em relação à Mulher e das diferenças entre as mulheres; diferenças que [...] são percebidas como tendo a ver tanto (ou mais) com a raça, a classe ou a etnia quanto com o gênero ou a sexualidade *per se*.

O que venho comentando aqui em relação às mulheres também pode ser pensado em relação aos homens. Como já observamos, a concepção fortemente polarizada dos gêneros esconde a pluralidade existente em cada um dos polos. Assim, aqueles homens que se afastam da forma de masculinidade hegemônica são considerados *diferentes*, são representados como *o outro* é, usualmente, experimentam práticas de discriminação ou subordinação.

Robert Connell (1995, p. 190) está atento para essas questões, quando se ocupa das "políticas de masculinidade". Ele comenta que há uma "narrativa convencional" sobre a maneira como as masculinidades são construídas, e que supõe, por essa narrativa, que "toda cultura tem uma definição da conduta e dos sentimentos apropriados para os homens". Meninos e rapazes – em sua maioria – aprenderiam tal conduta e sentimentos e, assim, se afastariam do comportamento das mulheres. Mas essa seria apenas uma das histórias possíveis. Conforme Connell, "a narrativa convencional adota uma das formas de masculinidade para definir a masculinidade em geral". Em outras palavras, o que se tem, aqui, seria uma representação do ser homem que é mais visível. No entanto, como ele lembra, essa masculinidade se produz "juntamente" e em relação com outras masculinidades. Além disso, essa narrativa convencional "vê o gênero como um molde social cuja marca é estampada na criança, como se as personalidades masculinas saíssem, como numa fábrica de chocolate, da ponta de uma esteira".

Ao invés disso, Connell pensa na construção da masculinidade como um "projeto" – tanto coletivo quanto individual – no sentido de que esse é um processo que está continuamente se transformando, afetando e sendo afetado por inúmeras instituições e práticas. Sendo assim, o que é "normal" e o que é "diferente"?

Quando afirmamos que as identidades de gênero e as identidades sexuais se constroem em relação, queremos significar algo distinto e mais complexo do que uma oposição entre dois polos; pretendemos dizer que as várias formas de sexualidade e de gênero são *interdependentes*, ou seja, afetam umas às outras. Richard Johnson (1996, p. 183) aponta isso, ao sustentar que os conservadores estão corretos quando dizem que a "celebração" da identidade gay/lésbica afeta a família (tal como eles a percebem e como a desejariam conservar). De fato, a crescente exposição pela mídia de sujeitos homossexuais interferem nas suas representações sociais. Mas Richard acrescenta:

> Eles (os conservadores) estão errados em apresentar isso como uma ameaça. Quem, exatamente, é ameaçado? Devemos sempre policiar os limites sexuais e congelar nossas formas de viver? Por que não podemos ver a diversidade sexual como uma fonte de construção de algumas novas possibilidades?

Em nossa sociedade, devido à hegemonia branca, masculina, heterossexual e cristã, têm sido nomeados e nomeadas como diferentes aqueles e aquelas que não compartilham desses atributos. A atribuição da diferença é sempre historicamente contingente – ela é dependente de uma situação e de um momento particulares.

Jonathan Katz (1996, p. 27), em um livro no qual busca escrever uma história da heterossexualidade, aposta num argumento interessante:

> A não ser pressionado por vozes fortes e insistentes, não damos nome à *norma*, ao *normal* e ao processo social de *normalização*, muito menos os consideramos desconcertantes, objetos de estudo. A análise do *anormal*, do *diferente* e do *outro*, das culturas da *minoria*, aparentemente tem despertado um interesse muito mais (grifos do autor).

É por isso que hoje se escreve uma "História das Mulheres" e não uma História dos Homens – afinal essa última é a História *geral*, a História oficial. (Estou segura, no entanto, de que é preciso qualificar esse "interesse maior" a que o autor se refere: ele precisa, necessariamente, ser compreendido como uma atenção que é dirigida para tudo o que é considerado como exótico, como estranho ou alheio. Portanto, esse interesse não pode ser entendido como carregado de uma acolhida ou de uma valorização positiva.)

As contribuições de importantes analistas culturais são úteis para melhor compreender a questão da diferença. Stuart Hall (1992, p. 6) recorre a Laclau para dizer que:

> As sociedades da modernidade tardia [...] são caracterizadas pela "diferença" ; elas são atravessadas por diferentes divisões e antagonismos sociais

que produzem uma variedade de diferentes "posições de sujeito" – isto é, de identidades – para os indivíduos.

De fato, os sujeitos são, ao mesmo tempo, homens ou mulheres, de determinada etnia, classe, sexualidade, nacionalidade; são participantes ou não de uma determinada confissão religiosa ou de um partido político... Essas múltiplas identidades não podem, no entanto, ser percebidas como se fossem "camadas" que se sobrepõem umas às outras, como se o sujeito fosse se fazendo "somando-as" ou agregando-as. Em vez disso, é preciso notar que elas se interferem mutuamente, se articulam; podem ser contraditórias; provocam, enfim, diferentes "posições". Essas distintas posições podem se mostrar conflitantes até mesmo para os próprios sujeitos, fazendo-os oscilar, deslizar entre elas – perceber-se de distintos modos.

Entender dessa forma os efeitos dos vários "marcadores" sociais obriga-nos a rever uma das ideias mais assentadas nas teorias sociais críticas, isto é, a de que há uma *categoria central*, fundamental – consagradamente a classe social – que seria base para a compreensão de todas as contradições sociais. Se aceitamos que os sujeitos se constituem em múltiplas identidades, ou se afirmamos que as identidades são sempre parciais, não unitárias, teremos dificuldade de apontar uma identidade explicativa universal. Diferentes situações mobilizam os sujeitos e os grupos de distintos modos provocam alianças e conflitos que nem sempre são passíveis de ser compreendidos a partir de um único móvel central, como o antagonismo de classe.

Examinando uma situação concreta, em que questões de classe, gênero e raça pareciam emaranhar-se, diz Stuart Hall (1992, p. 7), reportando-se a Mercer:

> Nenhuma identidade singular – por exemplo, de classe social – podia alinhar todas as diferentes identidades com uma "identidade mestra", única, abrangente, na qual se pudesse, de forma segura, basear uma política. As pessoas não identificam mais seus interesses sociais exclusivamente em termos de classe; a classe não pode servir como um dispositivo discursivo ou uma categoria mobilizadora através da qual todos os variados interesses e todas as variadas identidades da pessoa possam ser reconciliadas e representadas. De forma crescente, as paisagens políticas do mundo moderno são fraturadas por identificações rivais e deslocantes – advindas, especialmente, da erosão da "identidade mestra" da classe e da emergência de novas identidades, pertencentes à nova base política definida pelos novos movimentos sociais: o feminismo, as lutas negras, os movimentos de libertação nacional, os movimentos antinucleares e ecológicos.

As diferentes divisões provocam, então, distintas lutas e solidariedades – parciais ou provisórias. Colocar uma única e permanente base para a luta política representará, provavelmente, a subordinação ou o escamoteamento de outras disputas igualmente significativas. As formas de inserção nessas disputas podem, também, ser diversas para cada sujeito – que pode viver instâncias ou situações de subordinação e, ao mesmo tempo, situações de dominação. Certamente é possível que um sujeito viva, simultaneamente, várias condições de subordinação. Seria um tanto simplista, no entanto, "somar" essas subordinações, pois elas se combinam de formas especiais e particulares. Evidentemente, há histórias mais longas e dolorosas de opressão do que outras. Portanto, serão sempre as condições históricas específicas que nos permitirão compreender melhor, em cada sociedade específica, as relações de poder que estão implicadas nos processos de submetimento dos sujeitos.

Floya Anthias e Nira Yuval Davis (1993, p. 104) lembram que "separar as opressões em nível analítico não implica que possamos fazer isso facilmente no nível concreto" (vale lembrar os comentários sobre gênero e sexualidade do capítulo anterior). Está implícita, aqui, a ideia de que as identidades dos sujeitos não podem ser entendidas como fixas, estáveis, como "essências". Numa perspectiva semelhante, Avtar Brah (1992), outra estudiosa de gênero, raça e etnia, chama atenção para o fato de que o termo "negro" não pode ser tomado de um modo essencialista, como se tivesse um único significado, imediatamente reconhecido por todos/as; "negro" adquire diferentes sentidos políticos e culturais em diferentes contextos. Diz ela (p. 143): "nossas identidades culturais são simultaneamente nossas culturas em processo, mas elas adquirem significados específicos num dado contexto".

A maneira como se entrelaçam as diferentes formas de opressão não é, pois, uma equação que possa ser resolvida facilmente. "Relações de gênero racializadas", "etnicidades generificadas" são apenas algumas das "combinações" que vêm ocupando estudiosas/os e cujos resultados estão longe de ser previsíveis ou estáveis. Ao discutir sexualidade e gênero, Eve Sedgwick (1993, p. 253) traz um exemplo instigante: ela lembra que "o uso do nome de casada por uma mulher torna evidente, *ao mesmo tempo*, tanto sua *subordinação* como mulher quanto seu *privilégio* como uma presumida heterossexual" (grifos meus). Estamos diante, portanto, de imprevisíveis combinações, de efeitos contraditórios, de identidades múltiplas e transitórias.

Como lembra Avtar Brah (1992, p. 137), essas diferentes "estruturas" (ou, se preferirmos, esses vários "marcadores" ou categorias) – classe, raça, gênero, sexualidade – "não podem ser tratadas como 'variáveis independentes', porque a opressão de cada uma está inscrita no interior da outra – é constituída pela outra e constituinte da outra".

A estudiosa brasileira Sandra Azeredo (1994, p. 206) fala num tom parecido, quando procura discutir por que "em um país racista e desigual como o Brasil" damos tão pouca atenção à questão racial, seja em nossos trabalhos teóricos, seja em nossas práticas. Analisando as produções acadêmicas nacionais e internacionais, Sandra assim se manifesta:

> Minha intenção ao tentar estabelecer uma conversa entre diversas formas de fazer teoria é explicitar minha aposta na ideia de que complexificar a categoria gênero – historicizá-la e politizá-la – , prestando atenção em nossa análise a outras relações de opressão, pode nos abrir caminhos sequer imaginados ainda de uma sociedade mais igualitária. Para tanto, é preciso considerar gênero tanto como uma categoria de análise quanto como uma das formas que relações de opressão assumem numa sociedade capitalista, racista e colonialista.

Todas essas estudiosas e esses estudiosos, ao combinarem o rigor das análises com o entusiasmo das lutas sociais, nos fazem pensar que as formas de opressão e a instituição das diferenças são muito mais do que temas acadêmicos de ocasião – elas se constituem em apaixonante questão política.

Nota

1. A expressão "mulheres de cor" – ainda que problemática – pretende traduzir *colored women*. Na verdade, o termo não é adequado, pois implica que se toma como referência as mulheres brancas, das quais as *outras* (*colored*) se distinguiram. As mulheres brancas – que se constituem na "norma" – não teriam cor. Além disso também me parece que a expressão "de cor" acaba por se constituir num dos disfarces mais comuns do racismo no Brasil. Uma outra tradução para a expressão tem sido

"mulheres não brancas" que, como se percebe, também não se constitui numa boa solução.

3
A construção escolar das diferenças

Diferenças, distinções, desigualdades... A escola entende disso. Na verdade, a escola produz isso. Desde seus inícios, a instituição escolar exerceu uma ação distintiva. Ela se incumbiu de separar os sujeitos – tornando aqueles que nela entravam distintos dos outros, os que a ela não tinham acesso. Ela dividiu também, internamente, os que lá estavam, através de múltiplos mecanismos de classificação, ordenamento, hierarquização. A escola que nos foi legada pela sociedade ocidental moderna começou por separar adultos de crianças, católicos e protestantes. Ela também se fez diferente para os ricos e para os pobres e ela imediatamente separou os meninos das meninas.

Concebida inicialmente para acolher alguns – mas não todos – ela foi, lentamente, sendo requisitada por aqueles/as aos/às quais havia sido negada. Os novos grupos foram trazendo transformações à instituição. Ela precisou ser diversa: organização, currículos, prédios, docentes, regulamentos, avaliações iriam, explícita ou implicitamente, "garantir" – e também produzir – as diferenças entre os sujeitos.

É necessário que nos perguntemos, então, como se produziram e se produzem tais diferenças e que efeitos elas têm sobre os sujeitos.

A escolarização dos corpos e das mentes

A escola delimita espaços. Servindo-se de símbolos e códigos, ela afirma o que cada um pode (ou não pode) fazer, ela separa e institui. Informa o "lugar" dos pequenos e dos grandes, dos meninos e das meninas. Através de seus quadros, crucifixos, santas ou esculturas, aponta aqueles/as que deverão ser modelos e permite, também, que os sujeitos se reconheçam (ou não) nesses modelos. O prédio escolar informa a todos/as sua razão de existir. Suas marcas, seus símbolos e arranjos arquitetônicos "fazem sentido", instituem múltiplos sentidos, constituem distintos sujeitos.

Tomemos como exemplo um desses tradicionais quadros alegóricos comumente representativos de momentos especiais da História[1]. Destaca-se ali a figura diáfana de uma mulher, vestida com trajes da Antiga Grécia e aparentemente guiando um grupo de soldados. Esses soldados têm à frente um comandante, cujos trajes atestam sua importância e nobreza. Os rostos são iluminados, compenetrados. Alguns podem ter tombado, mas os demais avançam, destemidos. Que leituras podem fazer desse quadro meninos e meninas, brancos/as e negros/as, ricos/as e pobres? Que detalhe parecerá a cada um/a deles/as mais significativo, mobilizador de sua atenção, provocador de sua fantasia? Certamente muitas e diferentes estórias podem ser construídas. É impossível ignorar, contudo, que ali a mulher (ainda que em destaque) não é personagem da luta concreta, ela é a "inspiradora" da ação (representando, talvez, a pátria ou a liberdade); os homens – todos brancos – são os verdadeiros guerreiros, aqueles que efetivamente estão "fazendo a História" (com maiúscula). À sua frente, um homem especial: um herói, um líder que, aparentemente, tem uma posição social superior à dos outros homens. Esses homens não têm medo, parecem saber qual o seu "dever", não parecem hesitar. Essas "informações" (e muitas outras de tantas outras leituras) podem permitir que alguns pretendam chegar, algum dia, a ser iguais ao herói e que outras e outros não se coloquem essa meta, seja por não a considerarem atrativa, seja por não se julgarem dignos/as dela.

Os sentidos precisam estar afiados para que sejamos capazes de ver, ouvir, sentir as múltiplas formas de constituição dos sujeitos implicadas na concepção, na organização e no fazer cotidiano escolar. O olhar precisa esquadrinhar as paredes, percorrer os corredores e salas, deter-se nas pessoas, nos seus gestos, suas roupas; é preciso perceber os sons, as falas, as sinetas e os silêncios; é necessário sentir os cheiros especiais; as cadências e os ritmos marcando os movimentos de adultos e crianças. Atentas/os aos pequenos indícios, veremos que até mesmo o tempo e o espaço da escola não são distribuídos nem usados – portanto, não são concebidos – do mesmo modo por todas as pessoas.

Ao longo da história, as diferentes comunidades (e, no interior delas, os diferentes grupos sociais) construíram modos também diversos de conceber e lidar com o tempo e o espaço: valorizaram de diferentes formas o tempo do trabalho e o tempo do ócio; o espaço da casa ou o da rua; delimitaram os lugares permitidos e os proibidos (e determinaram os sujeitos que podiam ou não transitar por eles); decidiram qual o tempo que importava (o da vida ou o depois dela); apontaram as formas adequadas para cada pessoa ocupar (ou gastar) o tempo... Através de muitas instituições e práticas, essas concepções foram e são aprendidas e interiorizadas; tornam-se quase "naturais" (ainda que sejam "fatos culturais". A escola é parte importante desse processo.

Tal "naturalidade" tão fortemente construída talvez nos impeça de notar que, no interior das atuais escolas, onde convivem meninos e meninas, rapazes e moças, eles e elas se movimentem, circulem e se agrupem de formas distintas. Observamos, então, que eles parecem "precisar" de mais espaço do que elas, parecem preferir "naturalmente" as atividades ao ar livre. Registramos a tendência nos meninos de "invadir" os espaços das meninas, de interromper suas brincadeiras. E, usualmente, consideramos tudo isso de algum modo inscrito na "ordem das coisas". Talvez também pareça "natural" que algumas crianças possam usufruir de tempo livre, enquanto que outras tenham de trabalhar após o horário escolar; que algumas devam "poupar" enquanto que outras tenham direito a "matar" o tempo. Um longo aprendizado, vai, afinal, "colocar cada qual em seu lugar". Mas as divisões de raça, classe, etnia, sexualidade e gênero estão, sem dúvida, implicadas nessas construções e é somente na história dessas divisões que podemos encontrar uma explicação para a "lógica" que as rege.

Por um aprendizado eficaz, continuado e sutil, um ritmo, uma cadência, uma disposição física, uma postura parecem penetrar nos sujeitos, ao mesmo tempo em que esses reagem e, envolvidos por tais dispositivos e práticas, constituem suas identidades "escolarizadas". Gestos, movimentos, sentidos são produzidos no espaço escolar e in*cor*-*po*rado por meninos e meninas, tornam-se parte de seus corpos. Ali se aprende a olhar e a se olhar, se aprende a ouvir, a falar e a calar; se aprende a *preferir*. Todos os sentidos são treinados, fazendo com que cada um e cada uma conheça os sons, os cheiros e os sabores "bons" e decentes e rejeite os indecentes; aprenda o que, a quem e como tocar (ou, na maior parte das vezes, não tocar); fazendo com que tenha algumas *habilidades* e não outras... E todas essas lições são atravessadas pelas diferenças, elas confirmam e também produzem diferença. Evidentemente, os sujeitos não são passivos receptores de imposições externas. Ativamente eles se envolvem e são envolvidos nessas aprendizagens – reagem, respondem, recusam ou as assumem inteiramente.

Os mais antigos manuais já ensinavam aos mestres os cuidados que deveriam ter com os corpos e almas de seus alunos. O modo de sentar e andar, as formas de colocar cadernos e canetas, pés e mãos acabariam por produzir um corpo escolarizado, distinguindo o menino ou a menina que "passara pelos bancos escolares". Nesses manuais, a postura *reta* transcendia a mera disposição física dos membros, cabeça ou tronco: ela devia ser um indicativo do caráter e das virtudes do educando (LOURO, 1995b). As escolas femininas dedicavam intensas e repetidas horas ao treino das habilidades manuais de suas alunas produzindo jovens "prendadas", capazes dos mais delicados e complexos trabalhos de agulha ou de pintura. As marcas da escolarização se inscreviam, assim, nos corpos dos sujeitos. Por vezes isso se fazia de formas tão densas e particulares que permitia – a partir de mínimos traços, de pequenos indícios, de um jeito de andar ou falar – dizer, quase com segurança, que determinada jovem foi normalista, que um rapaz cursou o colégio militar ou que um outro estudou num seminário. Certamente as recomendações dos antigos manuais foram superadas, os repetidos treinamentos talvez já não existam. No entanto, hoje, outras regras, teorias e conselhos (científicos, ergométricos, psicológicos) são produzidos em adequação às novas condições, aos novos instrumentos e práticas educativas. Sob novas formas, a escola continua imprimindo sua "marca distintiva" sobre os sujeitos. Através de múltiplos e discretos mecanismos, escolarizam-se e distinguem-se os corpos e as mentes.

A fabricação das diferenças.
Sexismos e homofobia na prática educativa

Foucault dizia, no seu conhecido *Vigiar e punir* (1987, p. 153):

A disciplina "fabrica" indivíduos: ela é a técnica específica de um poder que toma os indivíduos ao mesmo tempo como objetos e como instrumentos de seu exercício. Não é um poder triunfante [...]; é um poder modesto, desconfiado, que funciona a modo de uma economia calculada, mas permanente. Humildes modalidades, procedimentos menores, se os compararmos aos rituais majestosos da soberania ou aos grandes aparelhos de Estado.

O processo de "fabricação" dos sujeitos é continuado e geralmente muito sutil, quase imperceptível. Antes de tentar percebê-lo pela leitura das leis ou dos decretos que instalam e regulam as instituições ou percebê-lo nos solenes discursos das autoridades (embora todas essas instâncias também façam sentido), nosso olhar deve se voltar especialmente para as práticas cotidianas em que se envolvem todos os sujeitos. São, pois, as práticas rotineiras e comuns, os gestos e as palavras banalizados que precisam se tornar alvos de atenção renovada, de questionamento e, em especial, de desconfiança. A tarefa mais urgente talvez seja exatamente essa: desconfiar do que é tomado como "natural".

Afinal, é "natural" que meninos e meninas se separem na escola, para os trabalhos de grupos e para as filas? É preciso aceitar que "naturalmente" a escolha dos brinquedos seja diferenciada segundo o sexo? Como explicar, então, que muitas vezes eles e elas se "misturem" para brincar ou trabalhar? É de esperar que os desempenhos nas diferentes disciplinas revelem as diferenças de interesse e aptidão "características" de cada gênero? Sendo assim, teríamos que avaliar esses alunos e alunas através de critérios diferentes? Como professoras de séries iniciais, precisamos aceitar que os meninos são "naturalmente" mais agitados e curiosos do que as meninas? E quando ocorre uma situação oposta à esperada, ou seja, quando encontramos meninos que se dedicam a atividades mais tranquilas e meninas que preferem jogos mais agressivos, devemos nos "preocupar", pois isso é indicador de que esses/as alunos/as estão apresentando "desvios" de comportamento?

Currículos, normas, procedimentos de ensino, teorias, linguagem, materiais didáticos, processo de avaliação são, seguramente, *loci* das diferenças de gênero, sexualidade, etnia, classe – são constituídos por essas distinções e, ao mesmo tempo, seus produtores. Todas essas dimensões precisam, pois, ser colocadas em questão. É indispensável questionar não apenas o que ensinamos, mas o modo como ensinamos e que sentidos nossos/as alunos/as dão ao que aprendem. Atrevidamente é preciso, também, problematizar as teorias que orientam nosso trabalho (incluindo, aqui, até mesmo aquelas teorias consideradas "críticas"). Temos de estar atentas/os, sobretudo, para nossa linguagem, procurando perceber o sexismo, o racismo e o etnocentrismo que ela frequentemente carrega e institui.

Os questionamentos em torno desses campos, no entanto, precisam ir além das perguntas ingênuas e dicotomizadas. Dispostas/os a implodir a ideia de um binarismo rígido nas relações de gênero, teremos de ser capazes de um olhar mais aberto, de uma problematização mais ampla (e também mais complexa), uma problematização que terá de lidar, necessariamente, com as múltiplas e complicadas combinações de gênero, sexualidade, classe, raça, etnia. Se essas dimensões estão presentes em todos os arranjos escolares, se estamos nós próprias/os envolvidas/os nesses arranjos, não há como negar que essa é uma tarefa difícil. Trata-se de pôr em questão relações de poder que compartilhamos, relações nas quais estamos enredadas/os e que, portanto, também nos dizem respeito.

Dentre os múltiplos espaços e as muitas instâncias onde se pode observar a instituição das distinções e das desigualdades, a linguagem é, seguramente, o campo mais eficaz e persistente – tanto porque ela atravessa e constitui a maioria de nossas práticas, como porque ela nos parece, quase sempre, muito "natural". Seguindo regras definidas por gramáticas e dicionários, sem questionar o uso que fazemos de expressões consagradas, supomos que ela é, apenas, um eficiente veículo de comunicação. No entanto, a linguagem não apenas expressa relações, poderes, lugares, ela os institui; ela não apenas veicula, mas produz e pretende fixar diferenças. Denise Portinari (1989, p. 18) diz:

> A linguagem é um turbilhão e nos usa muito mais do que nós a usamos. Ela nos carrega. Molda, fixa, modifica, esmaga (seria talvez a depressão: sou esmagada pela palavra) e ressuscita (não há a "palavra da salvação"?).

É impossível esquecer que uma das primeiras e mais sólidas aprendizagens de uma menina na escola consiste em saber que, sempre que a professora disser que "os alunos que acabarem a tarefa podem ir para o recreio", *ela* deve se sentir incluída. Mas ela está sendo, efetivamente, incluída ou escondida nessa fala? Provavelmente é impossível avaliar todas as implicações dessa aprendizagem; mas é razoável afirmar que ela é, quase sempre, muito duradoura. É muito comum que uma profissional, já adulta, refira a si própria no masculino: "eu, como pesquisador...". Afinal, muitos comentariam, isso é "normal". Como também será normal que um/a orador/a, ao se dirigir para uma sala repleta de mulheres, empregue o masculino plural no momento em que vislumbrar um homem na plateia (pois essa é a norma, já que aprendemos e internalizamos regras gramaticais que indicam ou exigem o masculino). Qual é, no entanto, a história que se inscreve na constituição das normas de linguagem? Essas regras são imutáveis? Que condições podem provocar transformações na linguagem e nas suas regras?

Estudiosas/os feministas vêm, já há alguns anos, colocando essas questões, ao mesmo tempo que sugerem fórmulas não sexistas de tratamento. No entanto, se em algumas sociedades seus esforços estão sendo acolhidos e incorporados, em outras são ainda menosprezados ou ridicularizados. A conformidade com as regras de linguagem tradicionais pode impedir que observemos, por exemplo, a ambiguidade da expressão *homem* – que serve para designar tanto o indivíduo do sexo masculino quanto toda a espécie humana. Aprendemos que, em muitas situações, a palavra supõe todas as pessoas, englobando, portanto, homens e mulheres. Examinando, contudo, esses processos de ocultamento, Dale Spender (1993, p. 208) acentua que, na maior parte das vezes, ao se utilizar essa expressão "genérica", a referência é, na verdade, a uma "espécie" constituída apenas por homens. Para corroborar essa hipótese, cita Alma Graham, que afirma: "Erich Fromm certamente parecia pensar assim quando escreveu que os "interesses vitais" do homem eram 'a vida, a comida, *o acesso às mulheres*, etc.'"

Mas a linguagem institui e demarca os lugares dos gêneros não apenas pelo ocultamento do feminino, e sim, também, pelas diferenciadas adjetivações que são atribuídas aos sujeitos, pelo uso (ou não) do diminutivo, pela escolha dos verbos, pelas associações e pelas analogias feitas entre determinadas qualidades, atributos ou comportamentos e os gêneros (do mesmo modo como utiliza esses mecanismos em relação às raças, etnias, classes, sexualidades etc.). Além disso, tão ou mais importante do que *escutar* o que é *dito* sobre os sujeitos, parece ser perceber o *não dito*, aquilo que é silenciado – os sujeitos que *não são*, seja porque não podem ser associados aos atributos desejados, seja porque não podem existir por não poderem ser nomeados. Provavelmente nada é mais exemplar disso do que o ocultamento ou a negação dos/as homossexuais – e da homossexualidade – pela escola. Ao não se falar a respeito deles e delas, talvez se pretenda "eliminá-los/as", ou pelo menos, se pretenda evitar que os alunos e as alunas "normais" os/as conheçam e possam desejá-los/as. Aqui o silenciamento – a ausência da fala – aparece como uma espécie de garantia da "norma". A ignorância (chamada, por alguns, de *inocência*) é vista como a mantenedora dos valores ou dos comportamentos "bons" e confiáveis. A negação dos/as homossexuais no espaço legitimado da sala de aula acaba por confiná-los às "gozações" e aos "insultos" dos recreios e dos jogos, fazendo com que, deste modo, jovens gays e lésbicas só possam se reconhecer como desviantes, indesejados ou ridículos.

As armadilhas da linguagem atravessam todas as práticas escolares. Valerie Walkerdine (1995, p. 214), pesquisando sobre meninas e matemática, traz um interessante depoimento. Relata ela que, em seu estudo, quando os resultados dos alunos e alunas invertiam a expectativa (ou seja, a expectativa tradicional de que as meninas fracassassem e os meninos fossem bem-sucedidos), as "explicações" de seus professores e professoras eram bastante distintas. Sobre uma menina que alcançara o nível superior de sua turma, comentavam que ela era "uma trabalhadora muito, muito *esforçada*"; sobre um menino, que "mal sabia escrever seu nome", diziam que isso ocorria "não porque ele não é inteligente" [...], mas porque não pode sentar-se quieto, não consegue se concentrar... muito perturbador... mas muito *brilhante*". Segundo Valerie, não se utilizava o adjetivo "brilhante" para as garotas, como também não se supunha que elas tivessem "potencial" (outra palavra utilizada apenas para eles). Além disso, lembra a pesquisadora que as meninas eram, na verdade, "acusadas de ir bem porque trabalhavam muito, seguiam regras, comportavam-se bem". "Acusadas" porque isso ocorria num momento em que as modernas teorias psicológicas representavam a criança "normal", a criança "natural", como curiosa e lúdica.

Essa formação diferenciada certamente também pode ser observada em relação a outras distinções sociais (bem como podem combinar vários atributos dos sujeitos). Paulo Miceli (1988), ao analisar a História tradicionalmente ensinada nas escolas brasileiras, toma como exemplo um livro didático de 5ª série do primeiro grau, cujo primeiro capítulo tem por título: *Selvagens e civilizados – Na época dos descobrimentos*". A adjetivação dos personagens já antecipa como serão representados os grupos considerados os primeiros formadores do País: de um lado, os portugueses civilizados (que, segundo o livro, pertenciam à História, pois registravam por escrito seus feitos) e, de outro, os índios primitivos ("povos atrasados que não possuíam escrita", daí pertencerem à "pré-história"). Uma série de atributos serve para polarizar esses dois grupos, evidenciando a primazia de um sobre o outro, num processo que, como aponta o pesquisador, "mais do que estabelecer esse discutível privilégio, [...] pretende justificar a própria *conquista* e a força com que os índios foram *convencidos* da superioridade da 'civilizada Europa'" (grifos do autor) (1988, p. 32).

Os livros didáticos e paradidáticos têm sido objeto de várias investigações que neles examinam as representações dos gêneros, dos grupos étnicos, das classes sociais. Muitas dessas análises têm apontado para a concepção de dois mundos distintos (um mundo público masculino e um mundo doméstico feminino), ou para a indicação de atividades "características" de homens e atividades de mulheres. Também têm observado a representação da família *típica* construída de um pai e uma mãe e, usualmente, dois filhos, um menino e uma menina. As pesquisas identificam ainda, nesses livros, profissões ou tarefas "características" de brancos/as e as de negros/as ou índios; usualmente recorrem à representação hegemônica das etnias e, frequentemente, acentuam as divisões regionais do país. A ampla diversidade de arranjos familiares e sociais, a pluralidade de atividades exercidas pelos sujeitos, o cruzamento das fronteiras, as trocas, as solidariedades e os conflitos são comumente ignorados ou negados.

Numa pesquisa em que examina a "discriminação do negro no livro didático", Ana Célia da Silva (1995, p. 56) comenta texto e ilustrações que, ao representarem personagens do mundo infantil, fazem aproximações desses animais ou seres sobrenaturais, sempre em arranjos que colocam os/as negros/as em situações hierarquicamente inferiores ou subordinadas de um livro para a 3ª série do 1º grau, diz a autora:

> [...] os personagens são duas crianças, um menino negro e um branco, que diminuem de tamanho para roubar doces no guarda-comidas. O menino negro, apelidado de "Pé-de-Moleque", é o que rouba os doces, o que escorrega, cai e é salvo pelo menino branco, que tem nome, João Peralta. "Pé-de-Moleque" é chamado de demônio e denominado pela cor da pele na frase: "Querem ver que o demônio do negrinho tornou a cair?"; e comparado a um animal nocivo [sic] e preto: "Tal qual uma mosca muito preta, 'Pé-de-Moleque' andava e debatia-se num lago muito branco".

Circe Bittencourt (1988), numa extensa análise histórica dos livros didáticos brasileiros, trabalha com a "invenção das tradições", demonstrando a construção das tradições nacionais, dos rituais e das datas cívicas. Entre os inúmeros elementos possíveis de examinar em seu estudo, parece-me especialmente interessante o destaque que, gradativamente, vai tendo a figura do bandeirante. Se inicialmente esse não era, necessariamente, identificado com o paulista, aos poucos a correspondência vai sendo feita. Diz, então, a estudiosa (p. 61):

> À medida que os discursos dos políticos paulistas determinavam que São Paulo "era a locomotiva do Brasil", o foco do progresso, da modernização, a tradição dos bandeirantes passavam a incorporar "os valores de coragem, energia", como explicativos do presente progressista. O bandeirismo

continuava a moldar o "espírito do paulista", omitindo-se no discurso o imigrante e o imigrante dos demais estados brasileiros, determinando que o *trabalhador* era o paulista (grifo da autora).

A par do caráter militarista, presente em muitas das histórias do Brasil, é evidente (ainda que a autora não faça o destaque) que essa figura forte e enérgica, essa figura corajosa, é uma figura masculina. Todos os adjetivos que lhe são agregados estão carregados de representações ligadas à virilidade. Na lógica que está implícita nessa história, cabe aos *outros/as* (ou seja, aos homens de outras origens ou de outro "feitio" e às mulheres) seguirem esse líder. Ela acrescenta, adiante:

> A história dos bandeirantes legitimava a constituição de um Estado autoritário, disciplinado, com uma população que deveria ser "obediente à firme unidade de comando". O passado bandeirístico legitimava ainda a dominação paulista frente ao Brasil, porque havia sido o bandeirante quem dilatara a pátria, implantando uma conduta disciplinadora pela sua ação "guerreira e mística" (BITTENCOURT, p. 62).

Se em algumas áreas escolares a constituição da identidade de gênero parece, muitas vezes, ser feita através dos discursos implícitos, nas aulas de Educação Física esse processo é, geralmente, mais explícito e evidente. Ainda que várias escolas e professores/as venham trabalhando em regime de coeducação, a Educação Física parece ser uma área onde as resistências ao trabalho integrado persistem, ou melhor, onde as resistências provavelmente se renovam, a partir de outras argumentações ou de novas teorizações.

Uma história dessa disciplina, muito vinculada à Biologia e, então, à manutenção da saúde e da higiene, contribuiu para que aí fossem acionadas justificativas de ordem biológica (da ordem da "natureza") para a separação das turmas femininas e masculinas. Mesmo com o aporte das novas teorias e com os questionamentos provenientes dos Estudos Feministas, o debate sobre as "diferenças de habilidades físicas" entre os sexos continua controverso. Mais importante, contudo, do que determinar se as distinções percebidas são naturais ou culturais, talvez seja observar o efeito que essa questão vem tendo na organização e na prática da disciplina.

Embora se valendo de discursos de diferentes matrizes, muitos professores e professoras atuam, ainda hoje, com uma expectativa de interesses e desempenhos distintos entre seus grupos de estudantes. A ideia de que as mulheres são, fisicamente, menos capazes do que os homens possivelmente ainda é aceita. Como observa Sheila Scraton (1992, p. 53), comentando a bibliografia utilizada pela Educação Física no final dos anos 60, "considerava-se as mulheres como homens diminuídos: como 'homens truncados' ou 'homens pela metade'. Concepções como essas vêm impedindo que seja proposta às meninas a realização de jogo ou atividades físicas tidos como masculinos, ou, na melhor das hipóteses, obrigam a que se ajustem ou se criem novas regras para os jogos – a fim de que esses se ajustem à "debilidade feminina. Mais uma vez se consagra a ideia que o feminino é um desvio construído *a partir* do masculino. No entanto, as transformações que vêm sendo introduzidas em várias práticas esportivas, ao longo dos tempos, motivadas pelos mais distintos argumentos (alterações nos equipamentos, emprego de novos materiais ou recursos tecnológicos, uso de espaços físicos distintos) parecem ser incorporadas ou absorvidas mais facilmente, ou, pelo menos, sem que se recorra a uma lógica do "desvio" e da "exceção".

A Educação Física parece ser, também, um palco privilegiado para manifestações de preocupação com relação à sexualidade das crianças. Ainda que tal preocupação esteja presente em todas as situações escolares, talvez ela se torne particularmente explícita numa área que está, constantemente, voltada para o domínio do corpo. Muitos/as estudiosos/as do gênero – em especial aqueles que se dedicam ao estudo das masculinidades – destacam o papel dos esportes e da ginástica no processo de formação dos sujeitos. Messner (1992a, 1992b) é um dos que afirmam a centralidade dessa área na formação dos meninos, mostrando em suas pesquisas que, para vários homens, praticar esportes durante a vida escolar era considerado como "natural", "instintivo", e o seu oposto, ou seja, não praticá-lo, era visto como um indicador de que "algo está (ou estava) errado", já que o esporte é "parte da existência" masculina. Sem dúvida, Messner estava se referindo à masculinidade hegemônica na sociedade americana, seu objeto de estudos; mas essa também parece uma observação pertinente em relação à nossa sociedade: gostar de futebol é considerado quase uma "obrigação" para qualquer garoto "normal" e "sadio".

Além disso, as aulas de Educação Física usualmente representam uma situação constante e peculiar de exame – o que significa um processo contínuo de individualização, pois tornam visível o sujeito, distinguindo-o da massa indiferenciada (KIRK & SPILLER, 1993). O uso de alinhamento, a formação de grupos e outras estratégias típicas dessas aulas permitem que o professor ou professora exercite um olhar escrutinador sobre cada estudante, corrigindo sua conduta, sua postura física, seu corpo, enfim, examinando-o/a constantemente. Alunos e alunas são aqui particularmente observados, avaliados e também comparados, uma vez que a competição é inerente à maioria das práticas esportivas. Não se pode negar que ser o melhor, no esporte, pode representar, especialmente para um menino ou um jovem, um valorizado símbolo de masculinidade.

Sheila Scraton (1992), por outro lado, ocupa-se de modo particular das meninas e afirma que os cuidados com relação à sua sexualidade levam muitas professoras e professores a evitar jogos que supõem "contato físico" ou uma certa dose de "agressividade". A justificativa primordial seria que tais atividades "vão contra" a feminilidade, ou melhor, se opõem a um determinado ideal feminino heterossexual, ligado à fragilidade, à passividade e à graça. Agregam-se aí outros argumentos, como o fato de que tais atividades podem "machucar" os seios ou os órgãos reprodutores das meninas (curiosamente esse argumento não é, segundo a autora, colocado em relação aos meninos), bem como podem estimular contatos entre as garotas que não seriam desejáveis. Reproduzindo palavras de Iris Young, Sheila lembra que, desde a infância, tradicionalmente as meninas aprendem não apenas a proteger seus corpos como a ocupar um "espaço corporal pessoal muito limitado", desenvolvendo, assim, ao longo da vida uma espécie de "timidez corporal".

Talvez por seu olhar ter se voltado apenas para as garotas, Sheila deixe de observar os constrangimentos ou as disposições que operam; também, sobre os garotos e os jovens do sexo masculino. No entanto, é indispensável que nos demos conta de que as preocupações e a vigilância em relação à sexualidade não se restringem às alunas, nem mesmo apenas aos alunos, mas a todas as pessoas (inclusive aos adultos) que convivem na escola.

Se pretendemos ultrapassar as questões e as caracterizações dicotomizadas, precisamos reconhecer que muitas das observações – do senso comum ou provenientes de estudos e pesquisas – se baseiam em concepções ou em teorias que supõem dois universos opostos: o masculino e o feminino. Também aqui é evidente que a matriz que rege essa dicotomia é, sob o ponto de vista da sexualidade, restritamente heterossexual. Como uma consequência, todos os sujeitos e comportamentos que não se "enquadrem" dentro dessa lógica ou não são percebidos ou são tratados como problemas e desvios.

Barrie Thorne (1993), atenta às relações de gênero entre crianças, questiona o que chama de "teorias de culturas diferentes entre meninos e meninas" e aponta para o fato de que a representação sobre essas culturas usualmente se volta para uma série de contrastes. Esse "modelo contrastivo", como ela o denomina, vai marcar não apenas as questões, mas o próprio *design* das pesquisas e, em decorrência, vai também marcar os resultados encontrados. Dificulta-se, assim, a descoberta das situações e das práticas que não se "ajustam" ao modelo e deixam-se tais situações sem qualquer apoio explicativo. Sugerindo-se que se veja com um "certo grau de ceticismo" essas abordagens dualistas, Barrie Thorne (1993, p. 96) diz:

> [...] por ser baseada em dicotomias, uma abordagem baseada na noção de culturas diferentes exagera a diferença de gênero e negligencia a variação no interior do gênero, as fontes de divisão e de comunalidade que o atravessam, tais como classe social e etnicidade. Esses fatos abalam, seriamente, o ordenado conjunto de contrastes que formam a visão de culturas diferentes e colocam o desafio de como se pode apreender os padrões complexos de diferença e comunalidade, sem estereótipos perpetuadores.

Certamente está implícito nesse modelo de análise o esquema binário rígido que procuramos problematizar. Nos estudos voltados para as crianças, esse esquema teria de ser, então, questionado duplamente: de um lado, devido às limitações já apontadas com relação à polarização masculino/feminino (polarização que nos impede de contemplar as distinções no interior de cada um desses polos e a "comunalidade" que pode atravessar os polos) e, de outro lado, pela tendência em se utilizar práticas e comportamentos adultos como parâmetros para compreensão das relações entre as crianças. (Note-se que se busca estabelecer uma correspondência entre as práticas infantis e as dos adultos tomando sempre como referência os adultos considerados "normais", ou seja, os heterossexuais.)

Contudo, situações escolares nas quais é possível observar um questionamento dessa esquemática polarização talvez sejam muito mais frequentes do que *a priori* se supõe. Barrie Thorne (1993), em extensa pesquisa etnográfica com crianças pequenas, descreve inúmeras situações de brinquedos e jogos que subvertem o senso comum de "lados opostos" entre meninos e meninas. Ela reconhece, é verdade, que a situação de escola muitas vezes favorece o agrupamento das crianças por gênero, mais do que ocorre nas amizades de vizinhança ou nos *playgrounds*, onde grupos mistos são frequentes. Isso talvez ocorra devido à organização escolar graduada por idade, por ser esse um espaço que reúne muitas pessoas (oferecendo, assim, mais oportunidades de contatos sociais) ou também pelo caráter de avaliação constante (não apenas formal, mas avaliação por parte das múltiplas "testemunhas") que ali está presente. A separação de meninos e meninas é, então, muitas vezes, estimulada pelas atividades escolares, que dividem grupos de estudo ou que propõem competições. Ela também é provocada, por exemplo, nas brincadeiras que ridicularizam um garoto, chamando-o de "menininha", ou nas perseguições de bandos de meninas por bandos de garotos. Por outro lado, também se constrói na escola uma série de situações que representariam um "cruzamento de fronteiras", ou seja, situações em que as fronteiras ou os limites entre os gêneros são atravessados.

É provável que para algumas crianças – aquelas que desejam participar de uma atividade controlada pelo outro gênero – as situações que enfatizam fronteiras e limites sejam vividas com muita dificuldade. Como aponta Barrie Thorne, a "interação através das fronteiras de gênero", ou seja, o contato com o outro, tanto pode abalar e reduzir o sentido da diferença como pode, ao contrário, fortalecer as distinções e os limites. A pesquisadora também registra que muitas dessas atividades de fronteira (*borderwork*) são carregadas de ambiguidade, têm um caráter de brincadeira, de humor. No terreno das relações de gênero é possível observar muitas vezes essa característica mais "frágil" ou "frouxa", que permite, àqueles/as que se veem questionados numa situação de contato ou cruzamento das fronteiras, o uso da justificativa: "nós só estávamos brincando"!

Deborah Britzman (1996) vai mais longe nessa questão, ao discutir as estreitas imbricações entre gênero e sexualidade e as consequências dessa inseparabilidade. Citando Jeffrey Weeks (p. 96), ela afirma que usualmente confundimos ou vinculamos gênero (a "condição social pela qual somos identificados como homem ou como mulher") e sexualidade ("a forma cultural pela qual vivemos nossos desejos e prazeres corporais"). Assim, diz Weeks que "o ato de cruzar a fronteira do comportamento masculino ou feminino apropriado (isto é, aquilo que é culturalmente definido como apropriado) parece, algumas vezes, a suprema transgressão". Como já observamos, a vigilância e a censura da sexualidade orientam-se, fundamentalmente, pelo alcance da "normalidade" (normalidade essa representada pelo par heterossexual, no qual a identidade masculina e a identidade feminina se ajustam às representações hegemônicas de cada gênero).

É importante notar no entanto que, embora presente em todos os dispositivos de escolarização, a preocupação com a sexualidade geralmente não é apresentada de forma aberta. Indagados/as sobre essa questão, é possível que dirigentes ou professores/as façam afirmações do tipo: "em nossa escola nós não precisamos nos preocupar com isso, nós não temos nenhum *problema* nessa área", ou, então, "nós acreditamos que cabe à família tratar desses assuntos". De algum modo, parece que se deixarem de tratar desses "problemas" a sexualidade ficará fora da escola. É indispensável que reconheçamos que a escola não apenas reproduz ou reflete as concepções de gênero e sexualidade que circulam na sociedade, mas que ela própria as produz.

Podemos estender as análises de Foucault, que demonstraram o quanto as escolas ocidentais se ocuparam de tais questões desde seus primeiros tempos, aos cotidianos escolares atuais, nos quais podemos perceber o quanto e como se está tratando (e constituindo) as sexualidades dos sujeitos. Essa presença da sexualidade independe da intenção manifesta ou dos discursos explícitos, da existência ou não de uma disciplina de "educação sexual", da inclusão ou não desses assuntos nos regimentos escolares. A sexualidade está na escola porque ela faz parte dos sujeitos, ela não é algo que possa ser desligado ou algo do qual alguém possa se "despir".

Não há dúvidas de que o que está sendo proposto, objetiva e explicitamente, pela instituição escolar, é a constituição de sujeitos masculinos e femininos heterossexuais – nos padrões da sociedade em que a escola se inscreve. Mas a própria *ênfase* no caráter heterossexual poderia nos levar a questionar a sua pretendida "naturalidade". Ora, se a identidade heterossexual fosse, efetivamente, natural (e, em contrapartida, a identidade homossexual fosse ilegítima, artificial, não natural), por que haveria a necessidade de tanto empenho para garanti-la? Por que "vigiar" para que os alunos e alunas não "resvalem" para uma identidade "desviante"? Por outro lado, se admitimos que *todas* as formas de sexualidade são construídas, que todas são legítimas, mas também frágeis, talvez possamos compreender melhor o fato de que diferentes sujeitos, homens e mulheres, vivam de vários modos seus prazeres e desejos.

Alguns estudiosos e estudiosas têm se ocupado, mais recentemente, em examinar como a escola opera na produção das sexualidades de meninos e meninas. Maírtin Mac An Ghaill (1996, p. 197), analisando a formação de estudantes masculinos e algumas escolas secundárias, apontou "formas contraditórias de heterossexualidade compulsória, misoginia e homofobia", como os elementos culturais que são acionados na formação das subjetividades destes garotos. Para esses jovens, o "outro" passava a ser as mulheres e os gays; ao mesmo tempo, eles deveriam expulsar de si mesmos a feminilidade e a homossexualidade.

Uma situação escolar, relatada por Deborah Britzman (1996), pode ser interessante para a compreensão destas questões: uma menina, desempenhando com muito sucesso a função de goleira num jogo de futebol feminino, é questionada por um pai do time adversário, que exige "provas" do seu gênero. O exemplo serve para refletirmos a respeito de quais "características", como diz Deborah, são levadas em consideração a fim de que se possa identificar o gênero "normal" ou para que se torne o gênero "normalizado". Além disso, a situação também nos permite pensar a respeito do que é feito para "garantir" que as crianças "obtenham o gênero 'correto'". A estudiosa especula sobre uma série de possíveis caminhos que poderá seguir essa menina: a possibilidade de que seu comportamento seja construído como "desviante"; a de que ela se torne "o projeto pedagógico" de um professor ou professora o/a qual irá, então, tentar "refeminizá-la"; ou, quem sabe, a de que ela tenha a chance de encontrar pessoas, livros ou situações que lhe mostrem outras mulheres que ousaram transgredir a normalização do gênero para "construir novos desejos e novos estilos".

Parece impossível esquecer, a partir do instigante texto de Deborah, que essa menina (e o mesmo poderíamos pensar sobre um menino que assumisse uma atitude análoga) terá provavelmente muito mais chances de aprender que seus desejos *não são normais*, que não devem ser expressados, que eles precisam ser escondidos. Na medida em que seus desejos se dirigem para práticas consideradas inapropriadas para seu gênero, ele ou ela é levado/a a aprender uma lição significativa: a lição do silenciamento e da dissimulação ("aprender a se esconder torna-se parte do capital sexual da pessoa", diz Britzman, 1996, p. 83).

Há ainda uma difícil barreira de sentido a superar: para que um/a jovem possa vir a se reconhecer como homossexual será preciso que ele/ela consiga desvincular gay e lésbica dos significados a que aprendeu a associá-los, ou seja, será preciso deixar de percebê-los como desvios, patologias, formas não naturais e ilegais de sexualidade. Como se reconhecer em algo que se aprendeu a rejeitar e a desprezar? Como, estando imerso/a nesses discursos normalizadores, é possível articular sua (homo)sexualidade com prazer, com erotismo, com algo que pode ser exercido sem culpa?

Questões como essas sem dúvida nos remetem para a temática da diferença, das desigualdades, do poder. Os vários exemplos servem apenas como uma referência para sugerir onde olhar e como olhar tais diferenças e desigualdades no espaço escolar. Procurei me voltar para as práticas rotineiras, mais do que para os discursos legais, as diretrizes pedagógicas ou as teorias educacionais, não por considerar que esses deixem de estar atravessados, também, pelas distinções de gênero, etnia, classe ou sexualidade. De quem falam, afinal, as teorias de desenvolvimento ou as psicopedagogias senão de um sujeito *universal* – pretendendo que o que se diz sobre *ele* seja válido para a compreensão de meninos e meninas, da vila ou da grande cidade, brancos/as, negros/as, índios/as? Se acentuei as práticas comuns foi por supor que "prestamos pouca atenção" à eficiência da normalização cotidiana, continuada, naturalizada.

Cabe, agora, perguntar: por que se importar com tudo isso? Por que observar a construção das diferenças? A resposta reafirma uma das proposições fundamentais dos Estudos Feministas: porque esse é um campo *político*, ou seja, porque na instituição das diferenças estão implicadas relações de poder.

A linguagem, as táticas de organização e de classificação, os distintos procedimentos das disciplinas escolares são, todos, campos de um exercício (desigual) de poder. Currículos, regulamentos, instrumentos de avaliação e ordenamento dividem, hierarquizam, subordinam, legitimam ou desqualificam os sujeitos. Tomaz Tadeu da Silva (1996, p.

168) afirma que o "poder está inscrito no currículo". Como já observamos, a seleção dos conhecimentos é reveladora das divisões sociais e da legitimação de alguns grupos em detrimento de outros. Para Tomaz, o poder é precisamente "aquilo que divide o currículo – que diz o que é conhecimento e o que não é – e aquilo que essa divisão divide – que estabelece desigualdades entre indivíduos e grupos sociais". Neste sentido, o autor propõe uma série de questões que permitiriam não apenas identificar quais conhecimentos ou grupos sociais são incluídos ou excluídos do currículo (e também "de que forma estão incluídos"), mas também verificar, "como resultado dessas divisões, dessas inclusões e exclusões, que divisões sociais – de gênero, raça, classe – são produzidas ou reforçadas".

Portanto, se admitimos que a escola não apenas transmite conhecimentos, nem mesmo apenas os produz, mas que ela também *fabrica* sujeitos, produz identidades étnicas, de gênero, de classe; se reconhecemos que essas identidades estão sendo produzidas através de relações de desigualdade; se admitimos que a escola está intrinsecamente comprometida com a manutenção de uma sociedade dividida e que faz isso cotidianamente, com nossa participação ou omissão; se acreditamos que a prática escolar é historicamente contingente e que é uma prática política, isto é, que se transforma e pode ser subvertida; e, por fim, se não nos sentimos conformes com essas divisões sociais, então, certamente, encontramos justificativas não apenas para observar, mas, especialmente, para tentar interferir na continuidade dessas desigualdades.

Para que possamos pensar em qualquer estratégia de intervenção é necessário, sem dúvida, reconhecer as formas de instituição das desigualdades sociais. A sensibilidade e a disposição para se lançar a tal tarefa são indispensáveis, mas as teorizações, as pesquisas e os ensaios provenientes dos Estudos Feministas (e também do campo dos Estudos Negros, dos Estudos Culturais, dos Estudos Gays e Lésbicos) podem se tornar elementos muito importantes para afinar o olhar, estimular inquietações, provocar questões.

Sem alimentar uma postura reducionista ou ingênua – que supõe ser possível transformar toda a sociedade a partir da escola ou supõe ser possível eliminar as relações de poder em qualquer instância – isso implica adotar uma atitude vigilante e contínua no sentido de procurar desestabilizar as divisões e problematizar a conformidade com o "natural"; isso implica disposição e capacidade para interferir nos jogos de poder.

Nota

1. Embora eu esteja aqui "criando" um quadro, vali-me do trabalho de José Murilo de Carvalho para construir este tipo de representação. Carvalho faz uma interessante análise dos símbolos e da construção do imaginário brasileiro no livro *A formação das almas* (São Paulo, Companhia das Letras, 1990). Ali ele examina, em um capítulo especial, a figura da mulher na construção do imaginário republicano no Brasil. Observa que a representação

da mulher como "símbolo da liberdade", tal como aparece na famosa tela de Delacroix, *A liberdade guiando o povo* (a qual guardaria muita semelhança com o quadro que descrevo neste texto), não é uma alegoria muito presente entre os republicanos brasileiros. Segundo ele, no Brasil, a figura feminina ligada à República foi a da "mulher pública", ou seja, a prostituta, utilizada pelos caricaturistas da época para representar a desilusão com o novo regime.

4
O gênero da docência

S e as diferentes instituições e práticas sociais são constituídas pelos gêneros (e também os constituem), isso significa que essas instituições e práticas não somente "fabricam" os sujeitos como também são, elas próprias, produzidas (ou *engendradas*) por representações de gênero, bem como por representações étnicas, sexuais, de classe, etc. De certo modo poderíamos dizer que essas instituições *têm* gênero, classe, raça. Sendo assim, qual o gênero da escola?

Ora, respondem imediatamente alguns/as, a escola é feminina, porque é, primordialmente, um lugar de atuação de mulheres – elas organizam e ocupam o espaço, elas são as professoras; a atividade escolar é marcada pelo cuidado, pela vigilância e pela educação, tarefas tradicionalmente femininas. Além disso, os discursos pedagógicos (as teorias, a legislação, a normatização) buscam demonstrar que as relações e as práticas escolares devem se aproximar das relações familiares, devem estar embasadas em afeto e confiança, devem conquistar a adesão e o engajamento dos/as estudantes em seu próprio processo de formação. Em tais relações e práticas, a ação das agentes educativas devem guardar, pois, semelhanças com a ação das mulheres no lar, como educadoras de crianças ou adolescentes.

Ao contrário, dizem outras/os, a escola é masculina, pois ali se lida, fundamentalmente, com o conhecimento – e *esse conhecimento* foi historicamente produzido pelos homens. A escola não trata de qualquer conhecimento, ela lida, como afirma Jean-Claude Forquin (1993, p. 11), com alguns aspectos da cultura que foram *selecionados* por serem reconhecidos como podendo ou devendo dar lugar a uma transmissão deliberada e mais ou menos institucionalizada – enfim, aquilo que uma dada sociedade considera digno de integrar o currículo. Portanto, é possível argumentar que, ainda que as agentes do ensino possam ser mulheres, elas se ocupam de um universo marcadamente masculino – não apenas porque as diferentes disciplinas escolares se construíram pela ótica dos homens, mas porque a seleção, a produção e a transmissão dos conhecimentos (os programas, os livros, as estatísticas, os mapas; as questões, as hipóteses e os métodos de investigação "científicos" e válidos; a linguagem e a forma de apresentação dos saberes) são masculinos.

Difícil decidir qual a resposta mais adequada ou mais completa. Ambas as argumentações apelam para noções com as quais usualmente concordamos e que reconhecemos nas nossas práticas escolares. O que fica evidente, sem dúvida, é que a escola é *atravessada pelos gêneros*; é impossível pensar sobre a instituição sem que se lance mão das reflexões sobre as construções sociais e culturais de masculino e feminino.

Na verdade isso pode ser estendido para qualquer instituição social. No entanto, nosso olhar se volta especialmente para a escola não apenas devido à temática deste livro, mas porque, nas sociedades urbanas, historicamente ela veio ganhando um lugar especial dentre as demais instâncias e instituições sociais. Alvo de atenção dos religiosos, dos estados e das famílias, ela foi se constituindo como necessária para formação de meninos e meninas, ao mesmo tempo em que deslocava a importância de outros espaços formadores. À escola foi atribuída, em diferentes momentos, a produção do cristão; do cidadão responsável; dos homens e das mulheres virtuosos/as; das elites condutoras; do povo sadio e operoso, etc. Certamente não se esperava que ela desempenhasse sozinha essas tarefas, embora, com muita frequência, elas lhe fossem explícita e pontualmente endereçadas.

Julia Varela e Fernando Alvarez Uria (1992, p. 69) analisam as condições sociais que se articulam para o surgimento da "maquinaria escolar". Fazendo uma genealogia da instituição, demonstram que foram se conjugando uma série de elementos, permitindo que tal maquinaria se instalasse e se institucionalizasse (desde a "definição de um estatuto de infância" até a "aparição de um corpo de especialistas"). Não cabe aqui recuperar essa análise em sua integridade, mas ela é útil quando dirigimos o olhar para os sujeitos que circulam na escola e para as relações que constroem entre si e com o próprio espaço.

Da arquitetura aos arranjos físicos; dos símbolos às disposições sobre comportamentos e práticas; das técnicas de ensino às estratégias de avaliação; tudo opera na constituição de meninos e meninas, de homens e mulheres – dentro e também fora da escola (uma vez que a instituição "diz" alguma coisa não apenas para quem está no seu interior, mas também para aqueles/as que dela não participam). Torna-se difícil, de fato, pensar sobre a escola sem que se considere, articuladamente, todos esses dispositivos, arranjos, técnicas ou procedimentos e sem que se perceba como eles agem sobre todos os sujeitos e, em especial, sobre estudantes e mestres. Para construí-los desta forma – para dar a esses sujeitos o sentido de pertencimento à instituição – ela terá de distingui-los dos outros, daqueles que estão fora de seus muros. A escola também atuará internamente, como vimos, de modo a distingui-los uns dos outros.

Portanto, à medida que a instituição se tornava um espaço de formação privilegiado, tudo o que se passava no seu interior ganhava importância. Outros modos de educação e de aprendizagem continuaram a existir, é claro, mas as sociedades modernas ocidentais passavam a colocar na escolarização – e, então, nos sujeitos da escolarização – uma atenção especial. Isso representou não apenas olhar para as crianças e jovens e pensar sobre as formas de discipliná-los, mas também observar – e disciplinar – aqueles que deveriam fazer a formação, ou seja, os professores.

O processo educativo escolar, que se instala no início dos tempos modernos, se assenta, pois, na figura de um mestre exemplar. Diferentemente dos antigos mestres medievais, ele se tornará responsável pela conduta de cada um de seus alunos, cuidando para que esse carregue, para além da escola, os comportamentos e as virtudes que ali aprendeu. Para que isso aconteça, não basta que o mestre seja conhecedor dos saberes que deve transmitir, mas é preciso que seja, ele próprio, um modelo a ser seguido. Por isso o corpo e a alma dos mestres, seu comportamento e seus desejos, sua linguagem e seu pensamento também precisam ser disciplinados. O mestre – e o jesuíta é seu exemplo mais perfeito – é cuidadosamente preparado para exercer seu ofício. Ele se torna um "especialista da infância", ele domina os conhecimentos e as técnicas de ensino, as armas para a conquista das almas infantis e para a sua vigilância, ele sabe graduar seus ensinamentos, estimular a vontade, treinar o caráter, corrigir com brandura – ele é o responsável imediato e mais visível da formação dos indivíduos.

Escrevo no masculino porque o mestre que inaugura a instituição escolar moderna é sempre um homem; na verdade um religioso. Católicos e protestantes, na disputa de fiéis para suas igrejas (e em suas disputas com os nascentes estados), investirão na conquista das almas infantis e, para bem realizar essa missão, irão se ocupar, com um cuidado até então inédito, da formação de seus professores. Sejam eles pastores, padres ou irmãos, esses religiosos acabam por constituir uma das primeiras e fundamentais representações do magistério. Modelos de virtudes, disciplinados disciplinadores, guias espirituais, conhecedores das matérias e das técnicas de ensino, esses primeiros mestres devem viver a docência como um sacerdócio, como uma missão que exige doação. Afeição e autoridade, bom-senso, firmeza e bondade, piedade e saber profissional são algumas das qualidades que lhes são exigidas. Seu papel de educador combina o exercício de uma "paternidade, uma magistratura, um apostolado e uma luta" (assim determina, por exemplo, o *Guide des Écoles*, texto de orientação dos antigos mestres maristas, ainda hoje em uso). Ainda que as modificações sociais que se seguem transformem, sem dúvida, essa representação de magistério, a referência parece ter permanecido.

Para esses docentes, as ordens religiosas, as congregações e as associações escreveram manuais, criaram regras e determinaram condutas que regulavam seus gestos, os modos adequados de colocar suas mãos e seu corpo, de caminhar e de falar; estimularam o silêncio e ensinaram a comunicação por sinais; disseram quando, onde e como corrigir os estudantes; indicaram o que observar e por que observar. Um detalhado e minucioso conjunto de dispositivos de poder instituiu, simultaneamente, um conjunto de saberes sobre esses meninos e jovens, sobre seu corpo, sua sexualidade, sobre seus interesses e vontades, seus modos de compreensão etc. Certamente as religiosas que, a seguir, passam a se ocupar das meninas cristãs também se pautam por severos e detalhados regulamentos, os quais, sob vários aspectos, se assemelham aos criados para as organizações masculinas (ainda que apontem, é claro, para as diferenças com as quais se espera "marcar" os distintos gêneros).

Também no Brasil a instituição escolar é, primeiramente, masculina e religiosa. Os jesuítas, "braço espiritual da colonização", para além das tentativas de catequização dos índios, investem, de fato, na formação dos meninos e jovens brancos dos setores dominantes. As primeiras escolas brasileiras regidas por esses irmãos (e a grande maioria daquelas que se organizam a partir de outras ordens religiosas) constituem-se, pois, num espaço marcadamente masculino, voltado para a formação de um católico exemplar. É importante notar que esse modelo de ensino permanece no país por um largo tempo, mesmo depois de oficialmente afastado, ao final do século XVIII.

Se, por um lado, práticas e arranjos de ensino sugerem algumas continuidades no processo educativo escolar, por outro, certas modificações indicam possíveis descontinuidades ou rupturas. Magistério e escola, como atividades ou instituições sociais, transformam-se historicamente. Os sujeitos que circulam nesse espaço se diversificam e a instituição talvez seja, sob vários aspectos, uma outra instituição. Entre as mudanças que marcam, de forma mais evidente, esse processo de transformação está a *feminização do magistério*.

Magistério, um trabalho de mulher?

No Brasil é possível identificar algumas transformações sociais que, ao longo da segunda metade do século XIX, vão permitir não apenas a entrada das mulheres nas salas de aula, mas, pouco a pouco, o seu predomínio como docentes. As formas como se dá essa feminização podem ter algumas características particulares, ainda que se assemelhem a processos que ocorreram também em outros países. De qualquer modo, parece ingênuo buscar nos decretos ou nas leis da iniciante "nação independente" as razões deste movimento. Talvez mais adequado seria entender que, naquele momento, um processo de urbanização estava em curso, no interior do qual – além da presença de outros grupos sociais, como os imigrantes, de outras expectativas e práticas educativas e de outras oportunidades de trabalho – um novo estatuto de escola se instituía. O magistério se tornará, neste contexto, uma atividade *permitida* e, após muitas polêmicas, *indicada* para mulheres, na medida em que a própria atividade passa por um processo de ressignificação; ou seja, o magistério será representado de um modo novo na medida em que se feminiza e para que possa, de fato, se feminizar.

Embora professores e professoras passem a compartilhar da exigência de uma vida pessoal modelar, estabelecem-se expectativas e funções diferentes para eles e para elas: são incumbidos de tarefas de algum modo distintas, separados por gênero (senhoras "honestas" e "prudentes" ensinam meninas, homens ensinam meninos), tratam de saberes diferentes (os currículos e programas distinguem conhecimentos e habilidades adequadas a eles ou a elas), recebem salários diferentes, disciplinam de modo diverso seus estudantes, têm objetivos de formação diferentes e avaliam de formas distintas.

Aos poucos crescem os argumentos a favor da instrução feminina, usualmente vinculando-a à educação dos filhos e filhas. Essa argumentação irá, direta ou indiretamente, afetar o caráter do magistério – inicialmente impondo a necessidade de professoras mulheres e, posteriormente, favorecendo a feminização da docência. Os discursos que se constituem pela construção da ordem e do progresso, pela modernização da sociedade, pela higienização da família e pela formação dos jovens cidadãos implicam a educação das mulheres – *das mães*. A esses discursos vão se juntar os da nascente Psicologia, acentuando que a privacidade familiar e o amor materno são indispensáveis ao desenvolvimento físico e emocional das crianças.

Já que se entende que o casamento e a maternidade, tarefas femininas fundamentais, constituem a *verdadeira carreira* das mulheres, qualquer atividade profissional será considerada como um desvio dessas funções sociais, *a menos que* possa ser representada de forma a se ajustar a elas. Em seu processo de feminização, o magistério precisa, pois, tomar de empréstimo atributos que são tradicionalmente associados às mulheres, como o amor, a sensibilidade, o cuidado, etc. para que possa ser reconhecido como uma profissão admissível ou conveniente. Como vai nos lembrar Cécile Dauphin (1993, p. 141):

> os "ofícios novos" abertos às mulheres neste fim de século levarão a dupla marca do modelo religioso e da metáfora materna: dedicação-disponibilidade, humildade-submissão, abnegação-sacrifício.

A representação do magistério é, então, transformada. As professoras são compreendidas como mães espirituais – cada aluno ou aluna deve ser percebido/a como seu próprio filho ou filha. De algum modo, as marcas religiosas da profissão permanecem, mas são reinterpretadas e, sob novos discursos e novos símbolos, mantém-se o caráter de doação e de entrega que já se associava à atividade docente.

As escolas de formação docente enchem-se de moças, e esses cursos passam a constituir seus currículos, normas e práticas de acordo com as concepções hegemônicas do feminino. Disciplinas como Psicologia, Puericultura e Higiene constituem-se nos novos e prestigiados campos de conhecimento daquelas que são agora as novas especialistas da educação e da infância.

Vive-se, segundo a opinião de muitos/as, uma época em que as sociedades se complexificam. De acordo com Michel Foucault, a ordenação e a regulação dos sujeitos têm de ser feitas, agora, de outros modos; espera-se que os próprios indivíduos aprendam a se autogovernar, e, para que tal aconteça, é preciso todo um investimento nas crianças e em seus processos de formação. A infância é, assim, o alvo preferencial dos novos discursos científicos. Conforme Valerie Walkerdine (1995, p. 212), "não é nenhuma coincidência" que, neste momento, os cursos de formação de docentes passem a se abrir e se dirigir mais às mulheres. Isso ocorre à medida que as novas teorias psicológicas e pedagógicas passam a considerar o afeto como fundamental, passam a considerar o amor como parte do "ambiente facilitador" da aprendizagem. A representação do magistério passa, então, a ser mais claramente feminina – pelo menos do magistério que tem como alvo as crianças, o magistério primário ou de primeiro grau. Será endereçada especialmente para esta professora a fala dos políticos, os conselhos dos religiosos, as expectativas dos pais de família. Objeto de poesias, músicas, datas comemorativas, alegorias e exortações, ela irá, assim, se constituindo, adquirindo contornos que permitem reconhecê-la imediatamente.

Representações de professoras e professores

Poderíamos dizer, como faz Marj Kibby (1997), que "representações são apresentações", isto é, são formas culturais de referir, mostrar ou nomear um grupo ou um sujeito. Portanto, as representações de professoras e professores dizem algo sobre esses sujeitos, delineiam seus modos e traços, definem seus contornos, caracterizam suas práticas, permitem-nos, enfim, afirmar se um indivíduo pode ou não ser identificado como pertencendo a esse grupo. Como formas culturais de nos referirmos aos sujeitos (e a nós mesmos), as representações nos dão sentido e certamente se transformar e se distinguem – histórica e socialmente.

Professores e professoras – como qualquer outro grupo social – foram e são objeto de representações. Assim, ao longo do tempo, alinham-se determinadas características, apelam-se para alguns recursos para falar deles e delas. Essas representações não são, contudo, meras descrições que "refletem" as práticas desses sujeitos; elas são, de fato, descrições que os "constituem", que os produzem. Estamos aqui operando a partir de uma perspectiva teórica que entende a representação não como um reflexo ou espelho da realidade, mas como sua constituidora. Nessa perspectiva não cabe perguntar se uma representação "corresponde" ou não ao "real", mas, ao invés disso, como as representações produzem sentidos, quais seus efeitos sobre os sujeitos, como elas constroem o "real".

Griselda Pollock (1990, p. 203) afirma que todos os discursos sociais produzem representações. Ela rejeita a ideia de que há – lá fora – um mundo ou uma realidade "puros" que são descritos ou visualizados (através de imagens que os refletiriam fielmente, ou que, ao contrário, os falseariam). Para ela, todas as representações "fazem" sentido. É verdade que algumas acabam "adquirindo a autoridade do óbvio, do senso comum e da autoevidência, a tal ponto que seu *status* de representação é "suprimido" (e é por isso que passamos a aceitar *uma* apresentação dos sujeitos e do mundo como "a realidade").

Compartilhando desta posição teórica, não irei aqui tentar *descobrir* uma "verdade" (que estaria encoberta ou escondida) a respeito dos professores ou das professoras, mas sim procurarei observar que efeitos as representações tiveram (e têm) sobre esses sujeitos; o que elas fizeram a esses homens e a essas mulheres, ou melhor, como elas os/as constituíram.

Professoras foram vistas em diferentes momentos, como solteironas ou "tias", como gentis normalistas, habilidosas alfabetizadoras, modelos de virtude, trabalhadoras da educação; professores homens foram apresentados como bondosos orientadores espirituais ou como severos educadores, sábios mestres, exemplos de cidadãos... Diversos grupos de vozes desenharam esses sujeitos. Do outro lado, eles e elas acataram, adaptaram ou subverteram esses desenhos. Relações de poder estavam em jogo aqui – como em todas as instâncias sociais.

Observando a imprensa, a televisão e o cinema, a propaganda e a moda, as igrejas, os regulamentos jurídicos e educacionais, perceberemos que todos lançam mão, dentro de suas formas específicas de discurso, de diferentes códigos, símbolos e recursos no processo de constituição dos sujeitos.

Exemplos interessantes podem ser extraídos de uma investigação feita por Mary Dalton (1996) sobre o que ela denominou de "o currículo de Hollywood". Nesse estudo, a pesquisadora examina "quem é o bom professor ou a boa professora", nos filmes americanos das últimas décadas. De *Ao mestre, com carinho* a *Um tira no jardim de infância*, passando por *Sociedade dos poetas mortos* e tantos outros, a autora vai nos mostrando como Hollywood constrói um professor (na grande maioria dos filmes, um homem) que é capaz de quase tudo para "salvar" um aluno ou aluna. Nas telas dos cinemas, eles e elas são heróis individuais, que usualmente dão pouca importância para promoções, salários ou carreiras. Criativos, inventam modos muito próprios de lidar com o currículo escolar, transformam as rotinas das escolas, despertam entusiasmo, estimulam e provocam o crescimento pessoal de cada estudante. Segundo a análise de Dalton (p. 102), é possível dizer que

> Tipicamente ele ou ela é um *outsider* que usualmente não é benquisto/a pelos outros professores, os quais, por sua vez, são tipicamente hostilizados pelos/as estudantes, temem os/as estudantes ou estão ansiosos para dominá-los/as. O/a "bom/boa" professor/a envolve-se com os/as estudantes num nível pessoal, aprende com eles/elas e usualmente não se dá muito bem com os/as administradores/as. Algumas vezes esses "bons" professores ou "boas" professoras têm um agudo senso de humor. Eles/elas também frequentemente personalizam o currículo para atender às necessidades cotidianas das vidas de seus/suas estudantes.

É claro que podemos criticar esses filmes (ainda que muitas vezes façamos parte das imensas plateias que com eles se emocionam e que os aplaudem). É impossível negar, contudo, que essa representação de professor/a circula – e muito – produzindo alguns efeitos importantes tanto sobre os/as docentes como sobre a necessidade em geral. Somos atingidas/os por essas figuras carismáticas, que se entregam com muita "garra" à atividade do magistério.

Não resta dúvida que outras representações de professor/a circulam hoje em dia. Representações diferentes desta e, por vezes, completamente opostas a esse sujeito carismático. As representações não apenas são múltiplas, mas elas podem, também, se transformar ou se contrapor. O que é importante notar é que nelas sempre estão implicados jogos de poder, melhor dizendo, elas estão sempre estreitamente ligadas ao poder. Tomaz Tadeu da Silva (1996) chama atenção para o fato de que os significados que as representações acabam produzindo não preexistem no mundo, mas eles têm que ser criados, e são criados socialmente, isto é, são criados através de "relações sociais de poder". Por isso ele enfatiza que os modos como os grupos sociais são representados podem nos indicar o quanto esses grupos exercitam o poder, podem nos apontar quem é, mais frequentemente, "objeto" ou "sujeito da representação". Em outras palavras, podem nos apontar quem utiliza o poder para representar o outro e quem apenas é representado.

Fica fácil aqui algumas das colocações feitas no primeiro capítulo, quando me referi às identidades de gênero e aos modos como os sujeitos vão se construindo como masculinos e femininos. Ali dizia que essa construção se dá "em suas relações sociais, atravessadas por diferentes discursos, símbolos, representações e práticas". As representações seriam, então, como afirma Griselda Pollock (1990), um dos vários processos sociais que constituem a diferenciação sexual. Em consequência, essa constituição é constantemente "construída, resistida e reconstituída", ela se faz em movimento. Portanto, como lembra essa estudiosa, mais do que pensar nas representações como um "sintoma" de outras causas (como o sexismo ou o racismo, por exemplo), seria preciso compreender "seu papel ativo". Elas produzem efeitos, elas "fazem os sujeitos e não são apenas pistas ou indicações de outras formas ou determinações sociais.

Deste modo, se o magistério foi, lenta e fortemente, se feminizando, observaremos que a representação da atividade também foi se transformando (LOURO, 1997). Quem "falou" sobre as mulheres professoras, quem construiu e difundiu com mais força e legitimidade sua representação foram os homens: religiosos, legisladores, pais, médicos. Elas foram muito mais objetos do que sujeitos dessas representações. Para elas, sobre elas, em seu nome foram escritos poemas, pintados quadros, feitos discursos e orações; criaram-se caricaturas e símbolos, datas e homenagens, cantaram-se canções.

Inicialmente, como vimos, combinam-se elementos religiosos e "atributos" femininos, construindo o magistério como uma atividade que implica doação, dedicação, amor, vigilância. As mulheres professoras – ou para que as mulheres possam ser professoras – precisam ser compreendidas como "mães-espirituais". O trabalho fora do lar, para elas, tem que ser construído de forma que o aproxime das atividades femininas em casa e de modo a não perturbar essas atividades. Assim, as mulheres que vão se dedicar ao magistério serão, a princípio, principalmente as solteiras, as órfãs e as viúvas. Nos primeiros tempos, quem vai, efetivamente, exercer a profissão são as mulheres "sós".

Por um largo tempo associou-se, então, a professora com a solteirona, com a mulher que não *conseguiu* casar. Se o casamento e a maternidade constituíam o destino "natural" e desejado para todas as mulheres, àquelas para as quais isso parecia de algum modo inalcançável restaria se entregar a tarefas que tivessem uma analogia com tal missão. Assim, a concepção do magistério como uma extensão da maternidade, como um exercício de doação e amor, como uma atividade que exigia uma entrega vai constituí-lo como a grande alternativa. As moças que "ficavam" solteiras podiam se sentir *vocacionadas* para o magistério; elas eram, de algum modo, *chamadas* para exercer a docência.

Contudo, como apontei em outro estudo (LOURO, 1997), a ambiguidade estava contida na representação da professora solteirona. De um lado, essa era uma mulher que *falhara*, pois carregava para sempre o insucesso de não ter casado e não ter tido filhos; por outro lado, ela era uma mulher que tinha uma instrução mais elevada, trabalhava fora do lar, com uma possibilidade de circulação pelo espaço público maior do que as demais mulheres. Além disso, ela exercia uma atividade remunerada, o que podia garantir seu sustento ou, eventualmente, de pessoas sob sua dependência. De algum modo – ainda que com evidentes restrições – essas solteironas usufruíam de certas prerrogativas masculinas. Certamente elas eram um pouco "diferentes" das outras mulheres.

Professoras e professores eram caracterizadas/os através de vários meios. Os almanaques e os jornais, bem como, eventualmente, algumas revistas escolares, traziam – ao lado de poemas de exaltação à sua abnegação – desenhos e caricaturas que as/os apresentavam como figuras carrancudas, severas (algumas vezes as professoras pareciam quase bruxas, vestidas com roupas longas e fechadas e utilizando uma vara para apontar o quadro-negro ou uma palmatória). As fotografias antigas também permitem reencontrar essas figuras austeras, elas com vestidos abotoados até o pescoço, cabelos presos e... *óculos* (haverá um objeto mais recorrente para representar uma professora ou um professor?). Essa "secura", produzida e demonstrada pela aparência física e pelo controle dos gestos, poderia esconder (e os contos e crônicas exploraram muitas vezes esse tema) um "enorme coração", uma "infinita bondade". A demonstração de afeto para com os/as estudantes era rigidamente "administrada" e controlada: recomendações sobre o comportamento dos/das docentes podem ser acompanhadas pelos regulamentos das instituições escolares e mesmo pela legislação educacional. Todo um conjunto de normas vai inscrevendo as divisões escolares (e sociais) entre os sujeitos: por idade, por posição na hierarquia escolar, por nível de escolaridade, por gênero...

A vigilância é constantemente exercida. Ela pode ser renovada e transformada, mas ninguém dela escapa. Conforme observa Foucault (1988, p. 30), desde o século XVIII, os construtores e organizadores escolares haviam se colocado "num estado de alerta perpétuo" em relação à sexualidade daqueles que circulam na instituição escolar. Segundo ele há um "discurso interno" na instituição que é articulado com a constatação da existência de uma sexualidade infantil "precoce, ativa, permanente". Ora, as formas adequadas de fazer, de meninos e meninas, homens e mulheres ajustados/as aos padrões das comunidades pressupõem uma atenção redobrada sobre aqueles e aquelas que serão seus formadores ou formadoras. De um modo muito especial, a professora mulher é alvo de preocupações. Para afastar de sua figura as "marcas" distintivas da sexualidade feminina, seus trajes e seus modos devem ser, na medida do possível, assexuados. Sua vida pessoal, além de irretocável, deve ser discreta e reservada. A relativa ausência de professoras casadas evitava a "materialização" de um companheiro amoroso ou de filhos e, assim, ajudava a representar essas mulheres sós como desprovidas de sexualidade. O casamento e, especialmente, a gravidez sofriam uma espécie de censura[1].

Certamente essa representação de professora assexuada também fazia circular seu contraponto: o da mulher que vivia, às escondidas, uma intensa e proibida sexualidade. Alguns contos e relatos antigos vão construir, assim, figuras de professoras em trocas amorosas com suas alunas e alunos ou com outros homens e mulheres[2].

Essas representações, embora por vezes conflitantes, tipificavam professoras e professores. De um modo talvez um tanto esquemático, se poderia dizer que a representação dominante do professor homem foi – e provavelmente ainda seja – mais ligada à autoridade e ao conhecimento, enquanto que a da professora mulher se vinculava mais ao cuidado e ao apoio "maternal" à aprendizagem dos/das alunos/as.

Com a crescente força da Psicologia na elaboração das teorias pedagógicas e didáticas, a ênfase na função apoiadora e na criação de um bom ambiente para a aprendizagem (um ambiente de trocas afetivas e de valorização dos interesses das crianças/alunos e alunas) apontou de modo mais claro para a adequação das mulheres ao magistério, em especial ao magistério infantil. Através de múltiplos recursos se estabelece ou se reforça uma ligação estreita entre as mulheres/professoras e crianças, chegando-se por vezes a "infantilizar" tanto o processo de formação de professoras quanto a atividade docente de primeiro grau.

Embora poderosas na constituição das professoras essas representações não deixam, no entanto, de entrar em competição com outras e também se transformam, historicamente, através das resistências dos sujeitos, das mudanças nos arranjos sociais e políticos, das alterações institucionais e discursivas. Assim, dóceis professorinhas podem se tornar trabalhadoras da educação sindicalizadas, aguerridas reivindicadoras de melhores condições de trabalho e de melhores salários, podem ir para praças públicas, fazer greves, levantar bandeiras e gritar palavras de ordem (LOURO, 1989, 1997). Construindo formas organizativas novas, professores e professoras passam a se constituir diversamente, afastando-se, em parte, do caráter sacerdotal da atividade e buscando dar a essa atividade uma marca mais política e profissional. Paralelamente à emergência e à força das novas práticas sociais, as formas tradicionais continuam atuando; elas não são, apesar de tudo, completamente superadas ou apagadas. Práticas e representações conflitantes e contraditórias coexistem, hoje e sempre, provocando divisões e impasses.

"Quem é o bom professor ou professora" ou, mais simplesmente, que é o/a professor/a é uma questão que pode, sem dúvida, comportar muitas e diversas descrições. A concepção de uma identidade una, coerente e estável não cabe aqui (na verdade, não pode caber em relação a qualquer sujeito ou situação). Não existe tal identidade unitária, tanto porque não há só uma ("verdadeira") representação desse sujeito, quanto porque ele não é *apenas* um professor ou professora.

Seus alunos sabem disso e são capazes de percebê-lo com muito maior evidência quando cruzam com seus professores e professoras nas ruas, na praia, num *shopping center* ou num bar. Em algumas dessas situações, talvez eles e elas até lhes pareçam "outras pessoas", despidos como estão dos símbolos e códigos que, através de suas roupas, gestos e linguagem, representam a incorporação da docência. A identidade de professor/a parece ter escapado, mas ela está lá, ela também é constitutiva desse homem ou dessa mulher. E, o mais interessante, essa aparente instabilidade e fluidez afeta, também, os próprios sujeitos, fazendo com que, muitas vezes, eles se percebam de algum modo divididos e contraditórios.

Notas

1. Em alguns momentos, chegou-se mesmo a proibir que mulheres casadas exercessem o magistério, referindo-se, explicitamente, ao fato de que "não (seria) dignificante que a professora casada, que vai ser mãe, se apresente ante seus alunos" (veja, por exemplo, a Lei de 1917 para o Estado de Santa Catarina, em Fiori, 1995).

2. Um exemplo disso são as críticas lançadas contra Nísia Floresta por seus contemporâneos. Por suas ousadias, tanto na criação de uma escola para moças como nos escritos feministas publicados em jornais. Nísia parecia perturbar muito a sociedade carioca, sendo, então, acusada de relacionamentos amorosos com suas alunas e com amantes masculinos. Adauto Câmara, comentando essas críticas, diz que repudiavam "aquela mulher metida a homem, pregando a emancipação de seu sexo, batendo-se pela extinção da odiosa tirania masculina" (citado no prefácio da edição de 1989 de *Opúsculo humanitário*, livro de Nísia Floresta escrito em 1853).

5
Práticas educativas feministas: proposições e limites

Os processos escolares como formadores e reprodutores de desigualdades sociais vêm ocupando a agenda política e acadêmica de muitos/as estudiosos e estudiosas críticos/as há várias décadas. Observações e análise contundentes foram desenvolvidas – a princípio especialmente sob a ótica das distinções de classe – e resultaram na produção de teorias, de propostas pedagógicas, de práticas educativas. A esses estudos iniciais, em sua grande maioria de inspiração marxista, seguiram-se outros, voltados também para as discriminações de gênero, de raça, étnicas etc. Embora alimentados todos pela inconformidade e movidos por um ímpeto político de transformação, tais estudos implicaram diversas perspectivas teórico-metodológicas e, em consequência, apontaram para múltiplos encaminhamentos ou proposições.

Feministas também fazem parte desta trajetória e, apoiadas/os em distintas matrizes conceituais, ensaiaram uma série de vias para o enfrentamento ou a superação das desigualdades de gênero na Educação. Assim foram e são elaborados repertórios de denúncias e estratégias de intervenção nas políticas educativas; são postas em questão as condições de continuidade ou de descontinuidade das formas escolares vigentes e, também, desenvolvidos modelos pedagógicos alternativos.

Para algumas feministas, a crítica às formas convencionais de educação escolar levou ao questionamento das escolas coeducativas, ou seja, com base em suas observações, elas recomendam um retorno às escolas separadas por gênero. Essas feministas acreditam que em tais escolas as meninas/mulheres teriam mais oportunidades de liderança e de expressão, receberiam – necessariamente – mais atenção das professoras e não seriam antecipadamente rotuladas como mais ou menos capacitadas ou hábeis para determinadas áreas. A ausência dos meninos, na opinião destas estudiosas, diminuiria a tendência de que as meninas se comportassem conforme os estereótipos de seu gênero. Certas feministas radicais, como relata Madeleine Arnot (apud TYACK & HANSOT, 1992, p. 286), se posicionaram contra as escolas mistas por acreditarem que "elas são o principal meio de reproduzir as relações patriarcais de dominação". Na verdade, elas responsabilizaram diretamente a presença dos garotos pela "baixa autopercepção das garotas, a baixa *performance* acadêmica e o tradicional estreito interesse feminino pela escola". No entanto, a mesma Madeleine Arnot observa que esta "solução" (de escolas separadas) não responde ao problema de como educar os meninos/homens para a transformação das atuais relações de gênero ou como mudar atitudes masculinas preconceituosas em relação às mulheres. Neste sentido, diz ela, permanece a questão: "atitudes patriarcais e sexistas se constituem num problema feminino ou masculino?"

Como podemos perceber são candentes as questões, bem como são muitas e variadas as estratégias que pretendem lidar com as desigualdades. Não tenho a pretensão de apresentar ou discutir aqui essas diferentes estratégias. Contudo, parece-me importante que observemos, ainda que de forma breve, algumas características das propostas educativas classificadas, genericamente, como constituintes da "pedagogia feminista", seja pela visibilidade que essas adquiriram em algumas sociedades, seja pelo caráter de "modelo" que assumiram.

Pedagogias feministas: argumentos e críticas

As formulações pedagógicas construídas na ótica feminista apoiam-se no reconhecimento das desigualdades vividas por meninas e mulheres em relação aos meninos e homens, no interior das instituições escolares (algumas delas examinadas nos capítulos anteriores). A partir da constatação de que a educação formal – na sua concepção, em suas políticas e suas práticas – havia sido e continua a ser definida e governada pelos homens, estudiosas feministas procuraram produzir um paradigma educacional que se contrapusesse aos paradigmas vigentes. De uma forma muito ampla, talvez se possa dizer que a lógica subjacente a esta proposta se assenta em alguns dualismos "clássicos": competição/cooperação; objetividade/subjetividade; ensino/aprendizagem; hierarquia/igualdade – dualismo em que o primeiro termo representa o modelo androcêntrico de educação e o segundo termo aponta para a concepção feminista.

Pensada como um novo modelo pedagógico construído para subverter a posição desigual e subordinada das mulheres no espaço escolar, a pedagogia feminista vai propor um conjunto de estratégias, procedimentos e disposições que devem romper com as relações hierárquicas presentes nas salas de aula tradicionais. A voz do/a professor/a, fonte da autoridade e transmissora única do conhecimento legítimo, é substituída por múltiplas vozes, ou melhor, é substituída pelo diálogo, no qual todos/as são igualmente falantes e ouvintes, todos/as são capazes de expressar (distintos) saberes. Como diz Dale Spender (1980, p. 66):

> [...] a dualidade que alimenta a estratificação parece ter sido derrubada. Onde as feministas estabeleceram seus próprios grupos de aprendizagem, parecem ter desenvolvido um modelo no qual a distinção tradicional entre professor/a e aluno/a já não se encaixa. Do mesmo modo, a distinção entre objetivo e subjetivo (uma distinção que para os teóricos da educação se torna cada vez mais inadequada), e a dicotomia entre razão e emoção também estão sendo postas em questão. [...] As feministas podem demonstrar que o dualismo do saber educativo e do saber pessoal, do ensino e da aprendizagem, e todas as divisões concomitantes, não são parte integrante da educação em si mesma.

Ao tentar colocar no mesmo plano, com igual legitimidade, o saber pessoal e o saber acadêmico, as pedagogias feministas pretendem estimular a fala daquelas que tradicionalmente se veem condenadas ao silêncio, por não acreditarem que seus saberes possam ter alguma importância ou sentido. Abala-se o *status* dos *experts*, pois agora todas as pessoas têm, ao menos potencialmente, uma experiência ou uma sabedoria que merece ser compartilhada, que pode ser comunicada e tornada visível. As hierarquias e as classificações são deixadas de lado. Pode-se dizer que ocorre uma rejeição explícita da autoridade.

Parece haver, potencialmente, uma carga subversiva nessas formulações, uma vez que elas recusam alguns dos pretensos "pilares" do edifício educativo, ou, pelo menos, parecem abalar alguns dos fundamentos da organização educativa convencional. Sob esses novos modelos a situação ensino/aprendizagem se transforma numa relação onde todos os personagens podem alternar, constantemente, suas posições, sem que nenhum sujeito (ou, mais especialmente, sem que o/a professor/a) detenha, *a priori*, uma experiência, um saber ou uma autoridade maior do que os demais. Como consequência, há a expectativa de que a competição ceda lugar à cooperação, levando a uma produção de conhecimento coletiva, colaborativa, apoiada na experiência de todos/as.

Sem dúvida essas formulações permitem que se inscrevam as pedagogias feministas na perspectiva das pedagogias emancipatórias, que pretendem a "conscientização", a "libertação", ou a "transformação" dos sujeitos e da sociedade. Se algumas das ideias aqui apontadas lembram as propostas de Paulo Freire, isso também não é uma coincidência. Suas críticas à "educação bancária" e sua proposta de uma "educação libertadora" são conhecidas internacionalmente e, frequentemente, são referências destacadas nas pedagogias feministas. É claro que, nesse caso, os sujeitos em foco são, primordialmente, as mulheres. As mulheres em sua diversidade, sim, mas, de qualquer modo, o olhar é essencialmente dirigido para o gênero feminino. Ainda que apresentem estratégias variadas, é possível perceber, na maioria dessas propostas, a busca de formas de aprendizagem, recursos ou procedimentos de avaliação que colocam em primeiro lugar as mulheres.

Os dualismos subjacentes a tais pedagogias já parecem anunciar uma concepção das relações de gênero em que o polo masculino sempre detém o poder e o feminino é desprovido de poder – daí a necessidade de "fortalecer" ou de "dar poder" às mulheres. (Vale notar que fórmulas, estratégias ou dispositivos com esse propósito transcendem muito o espaço das escolas e universidades, pois além de situações didáticas ou de leituras pró-mulheres, têm sido produzidos jogos, brinquedos, filmes, bonecas que apresentam meninas/mulheres como protagonistas, como poderosas ou, por vezes, dotadas de superpoderes.)

Apesar da importância política que tais formulações pedagógicas certamente tiveram, elas necessariamente teriam que ser questionadas numa perspectiva feminista pós-estruturalista. Talvez elas devam ser questionadas em qualquer perspectiva feminista crítica contemporânea que se pretenda mais inclusiva.

Algumas das críticas apontam, exatamente, para a aparente negação do poder que estaria subjacente a tais pedagogias. Observa-se que, uma vez que as práticas pedagógicas feministas pretendem interferir na dinâmica das escolas e universidades (transformando-a), elas se instalam e se exercitam *nestes* espaços, ou seja, elas são, também, pedagogias institucionalizadas. Sendo assim, muitas características institucionais estão, necessariamente, embutidas nestas práticas. Um dos pontos centrais parece ser, precisamente, a questão da autoridade da professora ou professor. Essa autoridade, queiramos ou não, é institucionalmente atribuída àquela ou àquele que exerce a atividade docente (LUKE, 1996). A professora feminista, como qualquer outra professora ou professor, representa ou "corporifica" conhecimento e é autorizada a ensiná-lo (detém a autoridade para ensiná-lo). Negar essa atribuição institucional talvez não se constitua na melhor das estratégias críticas; na verdade, tal atitude pode levar a uma despolitização da sala de aula e da atuação docente. A sala de aula feminista não pode ter conseguido banir as relações de poder, simplesmente porque não há espaços sociais livres do exercício do poder! Ao invés disso, essa rejeição da autoridade, como lembra Luke (1996, p. 297), potencialmente funciona como os regimes disciplinares de verdade, de Foucault, através dos quais a autoridade, a disciplina e as asserções de verdade (por exemplo, o julgamento da voz da estudante ou a classificação de seu trabalho) são desenvolvidos a partir de centros panópticos de controle, anônimos. Uma pedagogia sem um *locus* de autoridade corre, pois, o risco de nos enganar: trata-se de uma diferença corporificada e de um acesso diferencial ao poder camuflados sob a falsa pretensão de posições de sujeitos pretensamente iguais.

Curiosamente, num campo teórico onde a diferença é um conceito central, faz-se de conta que não há diferenças, simula-se que todos os sujeitos são iguais, que todos exercitam o poder com a mesma intensidade, dominam saberes que são igualmente legitimados e reconhecidos socialmente, etc.

Por outro lado, se é recorrente em muitas dessas propostas pedagógicas, a ideia de "dar poder" às estudantes ou às mulheres, pode-se dizer que aí se instala uma incoerência, na medida em que se está operando a partir da concepção de uma professora que não tem ou que não exerce o poder. Como, então, será possível "dar poder" ou "fortalecer" as estudantes se o sujeito que pretende articular essas ações é um sujeito sem poder?

Na argumentação de estudiosas feministas críticas, como Luke (1996), a pedagogia feminista também põe em ação um outro dualismo: de um lado, uma concepção masculina de docência, ligada ao conhecimento e à autoridade, e, de outro, uma concepção feminina ou feminista de docência, ligada ao apoio e ao estímulo. No polo do apoio e estímulo é possível perceber uma figura que se aproxima da representação mais convencional de professora (que explorei mais extensamente no capítulo anterior). Algo que se ligaria, como diz Luke (p. 298), a uma espécie de feminismo da "boa moça": uma professora que seria, de certa forma, "dessexualizada e recondicionada como um sujeito maternal nutridor".

Ora, a atividade de inúmeras professoras, em especial nos sindicatos, nas universidades e nos centros de pesquisa certamente não se coaduna com essa figura desprovida de poder, anódina, discreta e recatada. Muito pelo contrário. São múltiplas as situações que exigem dessas mulheres domínio de público, "exibição"; são inúmeras as situações em que elas se envolvem em disputas ou debates acirrados etc. Enfim, penso que podemos concordar que as mulheres feministas – professoras ou não – não teriam conseguido produzir as teorizações e as transformações práticas que produziram se efetivamente estivessem ausentes dos jogos de poder.

Ao apontar algumas das limitações das pedagogias feministas não pretendo, contudo, condenar os esforços de transformação que elas sem dúvida realizaram e realizam. O propósito, aqui, é manter uma atitude de questionamento que dificulte adesões acríticas a qualquer "modelo". É, também, examinar formas possivelmente mais efetivas de intervir nos atuais arranjos das relações de gênero e sexuais (especialmente no espaço escolar), de modo a buscar maior igualdade entre os sujeitos.

Observamos que as pedagogias feministas parecem inscrever a ação de professoras e estudantes dentro de um modelo marcadamente dualista – e essa lógica dicotômica acaba por marcar tanto a descrição das práticas profissionais e das relações interpessoais quanto as estratégias de sua "superação". Se observamos a sociedade numa outra perspectiva, se admitimos que as relações sociais são sempre relações de poder e que o poder se exerce mais na forma de rede do que em um movimento unidirecional, então não será possível compreender as práticas educativas como isentas desses processos. A construção de uma prática educativa não sexista necessariamente terá de se fazer *a partir de dentro* desses jogos de poder. Feministas ou não, somos parte dessa trama e precisamos levar isso em conta.

Por uma prática educativa não sexista

As condições de existência das instituições escolares e acadêmicas estão, certamente, em transformação (como de resto, por seu caráter histórico, estão todas as instituições sociais). A presença maciça das meninas e mulheres nas salas de aula (em algumas instâncias e níveis superando a presença masculina); a maior visibilidade dos sujeitos homossexuais e bissexuais e seu reconhecimento pela mídia; a imposição das discussões sobre sexo e sexualidade, a partir da expansão da Aids; o aumento das relações afetivas e sexuais fora do casamento formal; a extraordinária revolução das formas e meios de comunicação – todos esses e muitos outros processos estão atravessando a escola. Esses processos rompem antigas barreiras sociais, de tempo e de espaço, promovem contatos com múltiplos sujeitos, saberes, modos de vida, comportamentos e valores, de formas antes impensáveis. Todas as instituições sociais são, necessariamente, afetadas por essas transformações; suas condições de existência alteram-se. Novas condições sociais podem, até mesmo, demonstrar que uma dada instituição é inviável, que já não há mais sentido em sua existência.

Escolas e academias, em suas práticas, experimentam continuidades e descontinuidades, realizam deslocamentos e, eventualmente, rupturas. As denúncias, as questões e as críticas feministas, bem como aquelas vindas dos Estudos Culturais, dos Estudos Negros, dos Estudos Gays e Lésbicos também estão produzindo efeitos. Assim sendo, ainda que de formas talvez tímidas, vemos hoje em escolas brasileiras experiências e iniciativas que buscam subverter as situações desiguais – de classe, raça, gênero, etnia – vividas pelos sujeitos.

Evidentemente, pretender um exame global da sociedade brasileira ou encaminhar "receitas" e soluções para uma prática educativa não sexista que se mostrasse "adequada" a essa pretensa "realidade" seria uma incoerência face à perspectiva que atravessou as análises até aqui desenvolvidas. Seguramente as múltiplas diversidades sociais construídas ou percebidas no país produzem ou possibilitam condições também muito distintas de intervenção. Se existe algo que pode ser comum a essas iniciativas talvez seja a atitude de observação e de questionamento – tanto para com os indícios das desigualdades como para com as desestabilizações que eventualmente estão ocorrendo. Esse "afinamento" da sensibilidade (para observar e questionar) talvez seja a conquista fundamental para a qual cada um/uma e todos/as precisaríamos nos voltar. Sensibilidade que supõe informação, conhecimento e também desejo e disposição política. As desigualdades só poderão ser percebidas – e desestabilizadas e subvertidas – na medida em que estivermos atentas/os para suas formas de produção e reprodução. Isso implica operar com base nas próprias experiências pessoais e coletivas, mas também, necessariamente, operar com apoio nas análises e construções teóricas que estão sendo realizadas.

Por outro lado, não deve ter passado despercebido o fato de que tudo o que procurei trazer à discussão, até aqui, foi atravessado por ressalvas, marcado pela provisoriedade, por indagações e cautelas – e isso pode estar provocando insegurança. Na verdade, o "tom" não foi casual, uma vez que a dúvida e o autoquestionamento se constituem em elementos fundamentais dentro da perspectiva teórica e política escolhida. O abandono de uma posição iluminada e iluminadora não significa, no entanto, o abandono de uma disposição política – muito pelo contrário. Tal posição pretende, deliberadamente, incitar o desassossego, a autocrítica e a busca de ações mais efetivas. Persiste, assim, a pergunta: que fazer para mudar? Como agir, na prática cotidiana, de uma forma mais consoante com o que se vem discutindo até aqui? Quais as providências ou as atitudes mais adequadas para promover uma educação não discriminatória (ou, no mínimo, uma educação menos discriminatória)?

Ainda que os movimentos coletivos mais amplos sejam certamente importantes, no sentido de interferir na formulação de políticas públicas – em particular políticas educacionais – dirigidas contra a instituição das diferenças e a perpetuação das desigualdades sociais, também parece urgente exercitar a transformação a partir das práticas cotidianas mais imediatas e banais, nas quais estamos todas/os irremediavelmente envolvidas/os. Há, no entanto, um modo novo de exercer essa ação transformadora, pois, ao reconhecer o cotidiano e o imediato como políticos, não precisamos ficar indefinidamente à espera da completa transformação social para agir. Estou apontando aqui para uma nova representação de intelectual feminista, mais ajustada às proposições da pós-modernidade.

Discutindo o impacto do pós-modernismo e do pós-estruturalismo sobre a Educação, Tomaz Tadeu da Silva (1996, p. 241) comenta as modificações do "papel da intelectual", neste contexto. Ele nos lembra, com muita propriedade, que a "posição afastada, distanciada, isenta, em relação ao mundo social e político", característica do Iluminismo, é, agora, "insustentável"; o mesmo acontece com o papel "vanguardista" atribuído às/aos intelectuais na perspectiva das chamadas "pedagogias críticas". Segundo Tomaz:

> As noções pós-estruturalistas de poder vão conferir à intelectual um papel bem mais modesto, muito menos universal e muito mais local, que se expressa na noção de "intelectual específica" de Foucault. Nessa perspectiva, a intelectual assume um papel muito mais simétrico em relação às outras participantes das lutas sociais nas quais está envolvida, no sentido de que seu saber, sua visão e seu discurso devem tanto aos interesses de poder quanto os de qualquer outra participante.

Ao contrário daqueles/as que associam as perspectivas pós-modernas ao abandono das causas coletivas, ao incitamento ao relativismo e à fragmentação, desmobilizadores e apolíticos, acredito que podemos ler, nessas perspectivas, um movimento oposto: o revigoramento e a ampliação do político. Certamente a concepção do político se transformou ao incorporar lutas e grupos sociais antes invisibilizados. Transformaram-se as formas e, talvez, as ambições da intervenção. Ao se conceber a sociedade atravessada por múltiplas relações de poder, fica absolutamente impossível atuar *de cima* ou *de fora* dessa rede. A/o nova/o intelectual terá, necessariamente, de se perceber como participando das relações de poder e isso implicará no exercício constante da autocrítica. Atenta/o às "manobras", às "táticas", às "técnicas" e aos "funcionamentos" de produção e de nomeação das desigualdades, a/o intelectual precisará descobrir formas de interferir mais viáveis e próximas. As lutas se tornam mais imediatas e cotidianas. Elas são, também, mais localizadas e talvez pareçam menos ambiciosas.

A ambição pode ser "apenas" subverter os arranjos tradicionais de gênero na sala de aula: inventando formas novas de dividir os grupos para os jogos ou para os trabalhos; promovendo discussões sobre as representações encontradas nos livros didáticos ou nos jornais, revistas e filmes consumidos pelas/os estudantes; produzindo novos textos, não sexistas e não racistas; investigando novos grupos e os sujeitos ausentes nos relatos da História oficial, nos textos literários, nos "modelos" familiares; acolhendo no interior da sala de aula as culturas juvenis, especialmente em suas construções sobre gênero, sexualidade, etnia, etc. Aparentemente circunscritas ou limitadas a práticas escolares particulares, essas ações podem contribuir para perturbar certezas, para ensinar a crítica e a autocrítica (um dos legados mais significativos do feminismo), para desalojar as hierarquias.

Nessa ação política cotidiana e aparentemente banal, parece importante que observemos as relações de gênero não apenas naquilo que elas apresentam de "mais evidente" (o que usualmente quer dizer aquilo em que se ajustam as nossas expectativas ou às representações dominantes), mas que sejamos capazes de olhar para os comportamentos que fogem ao esperado, para os sujeitos que desejam transgredir as fronteiras e os limites. Essa disposição de olhar talvez nos ajude a perceber a transitoriedade ou as transformações nas relações entre os sujeitos e certamente se constitui numa das formas mais efetivas de produzir conhecimento novo. Como novas/os intelectuais feministas, parece que é mais importante "afinar" nossos sentidos, observando e registrando os comportamentos e as práticas, do que pretender encontrar respostas sobre os "fundamentos", a "causa básica" ou "origem última" dos fenômenos.

Na implementação dessas disposições transgressivas ou, pelo menos, questionadoras, provavelmente iremos nos confrontar com muitas e variadas fontes de reação ou resistência, e talvez também encontremos aliados e parceiras. Para professoras e professores, especialmente de 1º e 2º graus, os familiares dos/as estudantes se constituem em participantes diretamente envolvidos nas práticas escolares, seja como companheiros seja como avaliadores das atividades, das propostas pedagógicas, da organização curricular, etc. Se os/as docentes detêm, institucionalmente, uma autoridade em relação às práticas educativas escolares, também os pais, as mães e demais adultos considerados "responsáveis" pelas crianças e adolescentes detêm autoridade sobre a sua educação, e, muitas vezes, essas concepções são divergentes e conflitantes. Não é possível, pois, esquecer que todas as iniciativas ou proposições que pretendam problematizar o consagrado e o convencional encontram, de imediato e em primeira mão, como interlocutora – parceira ou opositora, aliada ou inimiga – a família. (Aqui eu não gostaria de acionar, irremediavelmente, a representação generalizada e generalizante de família. Exatamente por levar em conta a presença dos múltiplos arranjos familiares na sociedade é que podemos supor distintas formas de intervenção da família nas disposições escolares. Apesar disso não é possível negar que, na maior parte das vezes, são as representações mais tradicionais ou conservadoras que conseguem "falar mais alto" – acompanhadas por outras vozes sociais: da mídia, das religiões, do parlamento, etc.).

Não desejo, com certeza, afirmar que o universo docente representa uma vanguarda ou um setor avançado, o qual, a partir de um lugar privilegiado, dianteiro e afinado com as formas culturais mais revolucionárias, irá convencer os outros setores sociais. Estamos frente, mais uma vez, a um campo extremamente diversificado, constituído por docentes que se distinguem sob múltiplos aspectos: gênero, raça, idade, classe, religião, etnia, sexualidade, formação escolar... Nada mais enganoso do que discutir proposições por uma prática educativa não sexista como se essas tivessem que se preocupar, exclusivamente, com a conquista de adeptos fora da escola. Os núcleos e grupos de estudos dedicados às questões de gênero, raça ou sexualidade, que vêm há anos lutando por reconhecimento nas universidades e escolas, são uma prova eloquente das dificuldades e dos entraves que vivem os/as estudiosos/as, ainda hoje, *entre seus/suas colegas*, para terem seus projetos de disciplina ou de pesquisa admitidos e aprovados, para conseguirem salas apropriadas de reunião, acesso a financiamento de eventos ou de investigações, acolhida para indicações de compra de livros, vídeos, etc. Enfim, quase todos esses grupos experimentaram e alguns continuam experimentando várias formas de guetização e de desvalorização acadêmica.

Sendo assim, temos de admitir que qualquer iniciativa ou proposta de desestabilização dos atuais arranjos sociais, de acolhida ou de estímulo a novos arranjos precisa contar, necessariamente, com a construção de redes de aliança e solidariedade entre os vários sujeitos envolvidos nas práticas educativas e escolares – dentro e fora da escola. A identificação dos possíveis aliados, a difusão de informações, a discussão e o convite talvez sejam passos importantes tanto para o reconhecimento da importância política que têm as relações de gênero e sexuais quanto para a disposição de questionar e transformar suas formas atuais.

Educação sexual: o que fazer?

Em termos de políticas curriculares ou até mesmo de práticas escolares, gênero e sexualidade ainda parecem ser tratados quase que exclusivamente como *temas* que devem ficar *restritos* a um campo disciplinar: a Educação Sexual. E na construção desse campo, nas decisões sobre a viabilidade e a oportunidade de sua existência, nas decisões sobre o que o constitui, quem tem sobre ele autoridade ou legitimidade, observamos, mais uma vez, uma longa história de polêmicas, de lutas, de avanços e recuos onde diversos grupos se mobilizaram e se mobilizam para fazer valer suas verdades.

A polêmica sobre a Educação Sexual se apresentou, historicamente, ou se apresenta, ainda hoje, sob muitas formas:

– Educação sexual é uma questão do âmbito do privado, a ser encaminhada e tratada exclusivamente pela família ou a escola dela deve participar (ou dela deve se incumbir)?

– É conveniente falar sobre sexualidade ou isso pode incitar precocemente os/as jovens?

– Se tais questões forem discutidas na escola, devem ser desenvolvidas numa disciplina específica ou devem ter um caráter multidisplinar? Devem ser compartidas por várias disciplinas? Num horário regular? Obrigatório? Extraclasse? Opcional?

– Que tipo de formação devem ter os/as professores/as encarregados/as dessa atividade?

– Qual o caráter de suas aulas? O objetivo (ou a preocupação) deve ser informar? Prevenir? Orientar? Moralizar?

Essas e muitas outras questões conduziram discussões acirradas e também permitiram que projetos de lei ou diretrizes programáticas fossem "empurrados" por anos. Experiências isoladas foram tentadas, levando à crítica, à censura ou ao aplauso. Eventualmente pais e mães foram envolvidos nessas experiências. Fúlvia Rosemberg (1985) conta parte dessa trajetória e analisa alguns dos argumentos e contra-argumentos utilizados por diferentes setores da sociedade brasileira para defender suas posições. Aponta para a dinâmica e para a historicidade da polêmica. Personagens e eventos são destacados nesta trajetória: a Igreja Católica, a princípio unificadamente refreadora, posteriormente dividida em "facções distintas"; os militares, a censura, a "abertura"; as experiências isoladas em educação ou orientação sexual promovida por escolas públicas ou privadas e as punições dos/as pioneiros/as dessas experiências; congressos de Educação Sexual nas escolas; a introdução da temática da sexualidade em programas regulares de rádio e televisão; a promoção de conferências e outros eventos acadêmicos; o surgimento de críticas e de condenação, etc.

Talvez se possa vincular a emergência dessas discussões a transformações que diversas sociedades ocidentais, entre elas o Brasil, viveram a partir dos anos de 1960. Para muitas pessoas esse período é considerado fundamental no âmbito das relações de gênero e sexuais, seja porque percebem ali o início de uma era de "permissividade", seja porque o identificam com a "revolução sexual", seja porque registram um incremento na "mercantilização do sexo", ou ainda porque observam grandes mudanças nas formas de "regulação da sexualidade" – com uma crescente referência à homossexualidade, ao aborto, à pornografia etc. É a partir da análise de alguns desses processos sociais que Jeffrey Weeks (1993, p. 64) fala do surgimento de um "novo moralismo".

> O paradoxo político do fim dos anos de 1970 e começo dos anos de 1980 é que foram os moralistas tradicionais – ou, ao menos, seus descendentes da última geração – os que reconheceram a oportunidade que oferecem a nova complexidade política e o aumento da importância da política sexual. A eles se soma a velha esquerda, que fracassou abertamente em sua intenção de responder às novas políticas. Portanto, e cada vez mais, o programa político contemporâneo sobre temas relacionados com o sexo está sendo elaborado não por uma esquerda libertária, mas por uma direita moral.

Na perspectiva desse estudioso e de outros/as, não escapa aos setores conservadores o caráter político que têm as relações de gênero e sexuais, o que leva tais setores a disputar todos os espaços em que uma "educação sexual" possa ser desenvolvida. As políticas curriculares são, então, alvo da sua atenção, na tentativa de regular e orientar crianças e jovens dentro dos padrões que consideram moralmente "sãos". Isso tem ocorrido em vários países e, como Weeks observa, a política sexual acaba por se fundamentar num conjunto de "pressupostos arraigados da 'tradição sexual': o sexo como perigo e ameaça, mais do que como oportunidade".

Por outro lado, há aqueles/as que negam que a educação sexual seja uma missão da escola com o fundamento de que nela estão implicadas escolhas morais e religiosas e que ela cabe primordialmente às famílias. A pressão desses grupos vai na direção do silenciamento, possivelmente supondo que se não se tocar nessas questões elas não "entrarão" na escola. Uma suposição que se revela impossível. As questões referentes à sexualidade *estão*, queira-se ou não, na escola. Elas fazem parte das conversas dos/as estudantes, elas estão nos grafites dos banheiros, nas piadas e brincadeiras, nas aproximações afetivas, nos namoros; e não apenas aí, elas estão também de fato nas salas de aula – assumidamente ou não –, nas falas e atitudes das professoras, dos professores e estudantes.

Mas essas não são, certamente, as únicas formas de condução da questão. Outros grupos, notadamente de feministas, também têm buscado intervir na formulação de políticas curriculares, pretendendo que elas se tornem coerentes com as teorizações e discussões mais recentes. Reconhecendo que esse é um campo privilegiado para a construção de sentidos, para a significação do ser homem e do ser mulher, algumas/alguns estudiosas/os acentuam o caráter social e cultural do feminino e do masculino, tentando ampliar o acento marcadamente biológico com que as questões costumam ser tratadas. Elas/eles procuram também introduzir nas propostas de Educação Sexual a dimensão do prazer, geralmente ignorada nas concepções mais tradicionais. Mais recentemente, e de forma ainda muito incipiente no Brasil, intelectuais e militantes ligados aos movimentos gay e lésbico trazem também suas experiências e estudos, buscando formas de afirmação da identidade homossexual e de rompimento da discriminação que os/as homossexuais sofrem nas escolas e em outras instâncias sociais. Mesmo a denominação da área é problematizada. Para alguns, Educação da Sexualidade diria melhor sobre qual o âmbito ou o objeto da educação (JOHNSON, 1996). Na verdade, as questões que aí são tratadas não se referem exclusivamente aos "componentes naturais" do sexo (seria impossível fazê-lo), e sim se referem às diversas formas (culturais e sociais) como a sexualidade é vivida por mulheres e homens.

Se os programas oficiais de "Educação" ou "Orientação Sexual" eventualmente fazem uso de uma linguagem afinada com as mais recentes teorias e, mesmo timidamente, parecem acolher (ou tolerar?) as "novas" identidades sexuais e de gênero, penso que seria importante, ainda assim, manter sobre eles uma "salutar" atitude de dúvida. Como mencionei antes, muitas vezes os textos oficiais incorporam o discurso progressista e inovador, ainda que o façam de tal forma que permitem a continuidade de práticas tradicionais. Por isso, parece necessário questionar o alcance desses programas, a radicalidade (ou não) de suas proposições e, principalmente, investigar as práticas escolares que, vinculadas a eles, de fato se realizam.

Dispomos de poucas informações sobre as formas como as escolas brasileiras conduzem suas aulas ou atividades ligadas à educação sexual. Mas é possível supor, pelos livros e materiais didáticos disponíveis no mercado, pelas indagações de professoras e professores, pelas reportagens e programas da mídia, que essa ainda é uma área onde todos/as se movimentam com extrema cautela e com muitos receios, onde a regra é buscar refúgio no "científico" (que é traduzido, neste caso, por um estreito biologismo), evitando a contextualização social e cultural das questões. Além disso, para muitos adultos, esses sempre foram temas que se conversavam em voz baixa, com reservas e com poucas pessoas. O silêncio, o segredo e a discrição eram os comportamentos adequados no trato com a sexualidade. Em voz alta, alardeadas ou proclamadas sem censura, tais questões ganhavam o caráter de gozação, deboche, malícia ou grosseria. Essas representações não são alheias a vários/as responsáveis pela elaboração e efetivação das práticas de educação sexual.

Fortemente "atravessado" por escolhas morais e religiosas, o tratamento da sexualidade nas salas de aula geralmente mobiliza uma série de dualismos: saudável/doentio, normal/anormal (ou desviante), heterossexual/homossexual, próprio/impróprio, benéfico/nocivo, etc. A partir das mais diversas estratégias ou procedimentos, usualmente buscando apoio em pesquisas ou dados "científicos", procede-se a uma categorização das práticas sexuais, dos comportamentos e, por consequência, das identidades sexuais. O modelo "normal" é a família nuclear constituída por um casal heterossexual e seus filhos. Essa forma de organização social é, na verdade, mais do que normal, ela é tomada como *natural*. Processa-se uma naturalização – tanto da família como da heterossexualidade – que significa, por sua vez, representar como não natural, como anormal ou desviante todos os outros arranjos familiares e todas as outras formas de exercer a sexualidade. Esse *padrão* está presente explícita ou implicitamente nos manuais, nos discursos, nas políticas curriculares e nas práticas (por vezes até naquelas e naqueles que se pretendem progressistas).

Jane Felipe (1997) fez uma leitura crítica de livros de orientação sexual para crianças utilizados no Rio Grande do Sul e observou que, embora alguns não vinculem *todo* o exercício da sexualidade à procriação, eles geralmente apresentam as relações sexuais como restritas ao *casamento* entre duas pessoas adultas que se amam (com o corolário de filhos). Prestando atenção às ilustrações utilizadas, ela nota que, na introdução do processo de reprodução com plantas e animais, essas ilustrações são geralmente interessantes e detalhadas; no entanto, o casal humano é – quase invariavelmente – representado sob lençóis, mantendo o mistério do que estarão fazendo "por baixo dos panos".

Diz um desses manuais:

> [...] a ideia de Deus para fazer os bebês foi de que um homem e uma mulher deveriam se amar tanto que desejassem passar o resto de suas vidas juntos. É por isso que as pessoas se casam... (Deus) inventou para eles uma forma especial de mostrarem um ao outro o quanto se amam – é uma espécie de brin-

cadeira que fazem juntos. Nós a chamamos de "fazer amor", e pode-se dizer que é a melhor das brincadeiras das mamães e dos papais (DONEY & DONEY, 1991).

Sem dúvida, na quase totalidade dos livros, quando a dimensão do prazer está presente (como no exemplo acima), ela tem como pressuposto exclusivo o desejo heterossexual, ou seja, é negada a possibilidade de que os sujeitos possam ter como objeto amoroso e de desejo alguém de seu próprio sexo. Além desses materiais, muitas das propostas e projetos de ensino silenciam sobre a relação afetiva e sexual homossexual. Para a escola ela supostamente não existe.

Ainda são poucos os recursos de ensino que trazem uma outra perspectiva. Existem, no entanto, algumas publicações[1] onde, ao contrário do que geralmente se observa, todas as formas de sexualidade e de afeto são apresentadas como igualmente possíveis e válidas, onde são ampliadas as representações de organização familiar e incorporadas algumas das questões contemporâneas referentes à sexualidade. Este é o caso, por exemplo, do livro *Sexo... que és?* (HARRIS, 1996). Ali, junto a um texto que fala de "todos os tipos de família", são mostradas, através de ilustrações, famílias cuidando de bebês de muitas formas: além de duplas (heterossexuais e homossexuais), aparece uma família constituída apenas pela mãe e seu bebê e uma família constituída por idosos, mais um casal jovem e seus filhos. Os desenhos exibem personagens de distintas etnias e um dos casais representado traz a mulher numa cadeira de rodas enquanto o homem a observa dando de mamar. Este mesmo livro fala de "outras maneiras de ter um bebê e uma família", tratando de fecundação *in vitro*, da inseminação artificial, da adoção; discute também "planificação antecipada: postergação, abstinência e anticoncepção". A heterossexualidade, a homossexualidade e a bissexualidade são apresentadas como formas de exercício da sexualidade ligadas "à cultura e à época em que as pessoas vivem". Uma linha semelhante é adotada na coleção *Minha primeira biblioteca de iniciação sexual e afetiva*, disponível em português (CANDIA et al., 1995). De um modo geral, esses textos, dirigidos a crianças e jovens de diferentes faixas etárias, dão grande atenção à dimensão do prazer na sexualidade e às transformações da puberdade, ligando-as a questões de autoestima e respeito aos *outros*. A prevenção de abusos sexuais e de doenças, em especial da Aids, também são discutidas.

Certamente esses livros têm suas limitações e problemas e não garantem uma revolução nas práticas de Educação Sexual. Sabemos que mesmo o texto mais radical e contestador pode ser "domesticado" e pode perder sua força dependendo da forma como é tratado. Por outro lado, é óbvio que recursos de ensino não são os únicos integrantes das práticas discursivas numa sala de aula, eles não são responsáveis exclusivos por toda a dinâmica que ali acontece (embora sejam importantes). Professoras/es e estudantes carregam de sentido aquilo que leem, o que dizem, ouvem e fazem. Como acentuei anteriormente, é preciso questionar sempre não apenas o que ensinamos, mas o modo como ensinamos e os sentidos que os/as nossos/as alunos/as dão ao que aprendem.

Se nosso papel como intelectuais é "modesto" (ainda que politicamente significativo) isso implica, também, admitir que não é possível prever e controlar todos os efeitos das práticas sociais. Participantes de uma dinâmica cultural própria, juvenil, e da dinâmica social e cultural mais ampla, alvo da atenção e dos apelos da mídia, das igrejas, das doutrinas jurídicas ou militares, etc., as crianças e jovens escapam, certamente, aos controles de qualquer discurso – escolar ou não – que se pretenda único ou homogeneizador. Os saberes que a escola pretende fixar ou os saberes que a escola pretende ocultar podem (e são) contestados, desafiados, confirmados e subvertidos. Dar-se conta desses múltiplos e, por vezes, divergentes espaços educativos é fundamental.

Alertas para certos comportamentos frequentes nas discussões sobre sexualidade e gênero talvez sejamos mais perspicazes no questionamento de nossa atividade docente. Como vimos, a preocupação "normalizante" pode ser uma constante. Se a normalização tem como referência a heterossexualidade e coloca a homossexualidade e o sujeito homossexual como desviantes, precisamos nos perguntar de que modo isso se "faz" nas escolas. Deborah Britzman (1996, p. 79-80) chama atenção para uma série de atitudes e comportamentos. Segundo ela, muitas pessoas têm medo de que a "mera menção da homossexualidade vá encorajar práticas homossexuais e vá fazer com que os/as jovens se juntem às comunidades gays e lésbicas". Instala-se, assim, a preocupação de que ocorra um "recrutamento de jovens inocentes". De algum modo, *não saber* sobre essas comunidades parece que funciona como uma espécie de garantia de que o/a estudante irá preferir ser heterossexual. Acrescenta-se a esse quadro a ideia de que se uma pessoa fala, de modo simpático, sobre gays e lésbicas, ela se torna suspeita de ser homossexual. Tais sentimentos acabam funcionando como represadores dessas discussões.

Deborah ainda aponta outros dois mitos sobre essa questão. Um deles consiste em pensar que os/as alunos/as são muito "jovens para serem identificados/as como gays ou lésbicas" ou que eles/as não têm nenhum contato com "formas gays e lésbicas de sociabilidade". Para ela isso representa, por um lado, negar a existência de uma sexualidade nas crianças e adolescentes e, por outro, imaginar que não existam pais, mães, parentes ou amigos/as homossexuais com os quais esses jovens possam ter um relacionamento. O outro mito que Deborah aponta me parece muito frequente: é a convicção de que a identidade heterossexual não tem nada a ver com a homossexual, ou melhor, como ela própria diz, que "as identidades sexuais são separadas e privadas". Assim, quando alguém afirma – em geral altivamente – que não sabe nada sobre a homossexualidade, na maior parte das vezes pretende dizer que essa é uma questão que não lhe diz respeito, que não lhe toca. No entanto, a ignorância sobre a homossexualidade é, seguramente, uma ignorância sobre a sexualidade (e, portanto, é *também* uma ignorância sobre a heterossexualidade). O que está suposto nessa altiva ignorância é a ideia de que a sexualidade é uma questão do âmbito do privado, sem "consequência pública". Diz Deborah (1996, p. 80):

> [...] a insistência de que a sexualidade deva estar confinada à esfera privada reduz a sexualidade às nossas específicas práticas sexuais individuais, impedindo que concebamos a sexualidade como sendo definida no espaço social mais amplo, através de categorias e fronteiras sociais. [...] Esse mito torna impossível imaginar a sexualidade como tendo qualquer coisa a ver com estética, discursos, política, capital cultural, direitos civis ou poder cultural.

Obviamente esses mitos estão colocando a heterossexualidade no polo positivo das dicotomias que antes assinalei, relegando a homossexualidade ao lado doente, anormal, impróprio, nocivo, e levando, consequentemente, aqueles e aquelas que se identificam como homossexuais a se refugiar no segredo e no silêncio. Ao conceber a identidade heterossexual como normal e *natural*, nega-se que toda e qualquer identidade (sexual, étnica, de classe ou de gênero) seja uma *construção social*, que *toda* identidade esteja sempre em processo, portanto nunca acabada, pronta, ou fixa. Pretende-se que as identidades sejam – em algum momento mágico – congeladas.

Por fim é importante referir o fato de que hoje em dia as práticas de orientação ou educação sexual (escolares ou não) estão, muito frequentemente, relacionadas à prevenção da Aids. Não há dúvidas de que informações sobre a prevenção desta e de outras doenças precisam, necessariamente, ser divulgadas e integrar as atividades educativas. No entanto, temos de prestar atenção se o cuidado com a manutenção da saúde não está sendo feito de modo a rodear o exercício da sexualidade de uma aura de perigo e de doença. Particularmente no caso da Aids é importante notar, ainda, o quanto vem se associando a enfermidade a determinadas práticas sexuais, em especial à prática homossexual, e observar os efeitos dessas associações. A esse respeito, Weeks (1985, p. 86) diz:

> [...] produz-se uma fusão entre duas teorias, plausíveis, embora não demonstradas: que haja uma afinidade eletiva entre algumas enfermidades e certas práticas sexuais; e que certas práticas sexuais são a causa de algumas enfermidades. E uma terceira: a saber, que certas práticas sexuais *são* enfermidades.

Observo ainda que, num raciocínio extremo (mas não incomum), chega-se a afirmar que, se alguns sujeitos escolhem formas "impróprias" de sexualidade, eles *merecem a doença!*

A mudança dessa forma de abordar (não apenas a Aids, mas a sexualidade em geral) implica mudanças extremamente significativas para qualquer um/a. Não é tarefa fácil e trivial. Trata-se de assumir que todos os sujeitos são constituídos socialmente, que a diferença (seja ela qual for) é uma construção feita – sempre – a partir de um dado lugar (que se toma como norma ou como centro). É preciso, pois, *pôr a norma em questão, discutir o centro, duvidar do natural...* Mas, não há como negar que a disposição de questionar nosso próprio comportamento e nossas próprias convicções é sempre muito mobilizadora: para que resulte em alguma transformação, tal disposição precisará ser acompanhada da decisão de buscar informações, de discutir e trocar ideias, de ouvir aqueles e aquelas que, histórica e socialmente, foram instituídos como "outros".

Nota

1. No capítulo 7 comento algumas dessas publicações.

6
Uma epistemologia feminista

A lgumas vezes me vi embaraçada pela adjetivação *feminista*. Como incorporá-la ao trabalho acadêmico, mais especialmente, como incorporá-la à atividade de investigação de modo que esse trabalho e essa investigação fossem respeitados como sérios, críticos, dignos de atenção e credibilidade? Que representações são acionadas quando alguém afirma que é uma pesquisadora ou um pesquisador feminista? Afinal, o que significa ser, hoje, feminista?

Certamente é inútil tentar aqui um inventário das representações do feminismo e, por extensão, das feministas; mas talvez seja oportuno refletir sobre as dificuldades em assumir ou reivindicar essa qualificação no meio acadêmico. Se admitimos como padrão de ciência – e então de pesquisa, como meio de fazer ciência – uma ação regida por paradigmas teóricos e por ordenados procedimentos metodológicos, caracterizada pela atitude desinteressada, objetiva, isenta; e se, ao mesmo tempo, entendemos que o feminismo implica um posicionamento interessado, comprometido e político, estamos diante de um impasse: ou somos cientistas/pesquisadoras ou somos feministas. Seria impossível ser uma *pesquisadora feminista*.

Busco, no entanto, exercer essa atividade – reconheço-me nesta identidade – assim como o fazem inúmeras outras mulheres (e homens feministas). Aceitar ou reivindicar tal qualificação supõe um processo que passa, certamente, por uma aceitação anterior: a de que nenhuma pesquisa, ou melhor, nenhuma ciência é desinteressada ou neutra. A pesquisa feminista é, então, assumidamente, uma pesquisa interessada e comprometida, ela fala a partir de um dado lugar.

Na verdade, há uma história da ciência que ganhou legitimidade e universalidade. Esta Ciência, escrita com maiúscula, fala por todos e de todos, já que foi pensada, conduzida e instituída a partir dos interesses e das questões daqueles cujas vozes pretenderam (e pretendem) representar toda a humanidade. Mas essa Ciência também foi feita – é indispensável reconhecer isso – por um grupo ou uma parte da humanidade. Ela foi feita pelos homens – os homens brancos ocidentais da classe dominante – os quais, supostamente, fizeram as perguntas e deram as respostas que interessavam a todas as pessoas. Possuidores de alguma capacidade "extraordinária", eles sempre "souberam" o que era importante *em geral*.

Uma primeira solução ao impasse a que antes me referi poderia ser, portanto, a de que uma ciência feminista se constitui simplesmente no reverso da medalha, na outra leitura, na voz das que foram silenciadas. E essa tem sido uma das justificativas e um dos encaminhamentos da investigação feminista. Assim foram e são feitos estudos que resgatam a presença feminina na História, nas Letras ou nas Ciências, bem como estudos que denunciam (e explicam) o processo de silenciamento a que as mulheres foram submetidas nesses e em outros campos. Ainda que se possa insinuar nessa posição algum sentimento de revanche, ela também implica a ideia de que os grupos que são submetidos têm, usualmente, melhores condições de perceber os processos de submetimento.

Mas talvez seja possível e necessário ir além dessa primeira solução. Para muitas estudiosas e estudiosos (LAURETIS, 1986; HARDING, 1987; SCOTT, 1988, 1995; FLAX, 1992; DIAS, 1994; HOLLANDA, 1994; LOURO, 1996), as problematizações levantadas pelo feminismo fizeram mais do que exigir um *acréscimo* das mulheres aos estudos, uma descoberta de suas histórias e de suas vozes. Essas problematizações desafiaram a própria forma de fazer ciência até então hegemônica. No entendimento de muitas/os, as questões postas pelas feministas não teriam mostrado, apenas, insuficiências ou incompletudes nos paradigmas teórico-metodológicos, essas questões teriam abalado radicalmente os paradigmas. Em vista disso, a construção de uma ciência feminista acarretaria, como uma espécie de *marca de nascença*, um caráter de desafio à ciência "normal", uma disposição *intrínseca* para o questionamento e a instabilidade (se é que essa afirmação não acaba por se constituir numa contradição em seus próprios termos). Sandra Harding (1993, p. 11) diz: "Não há ciência normal para nós!", referindo-se ao conceito criado por Thomas Kuhn, segundo o qual uma ciência normal seria uma "ciência madura", na qual os pressupostos conceituais e metodológicos são compartilhados pelos pesquisadores do campo".

Na vertente que entende como mais fértil e crítica dos Estudos Feministas não há possibilidade – nem pretensão – do estabelecimento de um conjunto de conceitos teórico-metodológicos assentados, estáveis, mais ou menos indiscutíveis e aceitos por todas/os. A proposição é operar com categorias analíticas instáveis, é movimentar-se em meio a um campo teórico que está em contínua construção, que acolhe a crítica como parte de sua construção. Sandra Harding sugere explicitamente que se deva "aprender a aceitar a instabilidade das categorias analíticas"; mais ainda, que se deva "usar as próprias instabilidades como recurso de pensamento e prática". Mas, para evitar que essas afirmações sejam repetidas irrefletidamente, será preciso indagar: quais suas implicações? Em que medida elas representam uma "solução" para as/os investigadoras/es feministas ou se constituem em um novo problema?

Proposições como essas representam uma importante ruptura com um modo de fazer ciência que tem grande tradição e, por conseguinte, são perturbadoras e instigantes. Assumir a investigação feminista nesta perspectiva supõe, na verdade, muito mais do que um novo "recorte" nos estudos ou a iluminação de áreas ou aspectos até então escondidos ou secundarizados. Supõe revolucionar o modo consagrado de fazer ciência; aceitar o desconforto de ter certezas provisórias; inscrever no próprio processo de investigação a autocrítica constante – mas fazer tudo isso de tal forma que não provoque o imobilismo ou o completo relativismo. Portanto, não se trata aqui de uma espécie ou de conjunto de procedimentos e estratégias que se possa "adquirir", seguindo passos ou indicações; nem mesmo se trata de adotar *uma* determinada orientação metodológica garantidora da perspectiva feminista. Está envolvida aqui – além da aproximação aos estudos e debates teórico-metodológicos – a busca de uma nova disposição epistemológica e política, *um novo modo de ser pesquisadora/pesquisador.*

Não fomos treinadas/os para conviver com a instabilidade, com as dúvidas ou com categorias cambiantes. Por isso é difícil lançar-se nessa perspectiva, subverter matrizes de pensamento, acolher a fluidez, numa arena que tradicionalmente tentou estabelecer verdades duráveis. Não pretendo afirmar, no entanto, que somente pessoas *iluminadas* possam se lançar nesse empreendimento, mas sim enfatizar que essa é uma tarefa que implica uma aposta mais *inteira*, portanto mobilizadora, também, de afetos e emoções. Afinal, essa não será uma marca de todos os estudos *interessados*?

Teresa de Lauretis (1993, p. 84) expõe de forma muito intensa essa perspectiva:

> Como uma teórica feminista que tem estado simultaneamente envolvida com feminismo, estudos da mulher, teoria psicanalítica, estruturalismo e teoria fílmica, eu sei, desde o começo de minha atividade crítica, que aprender a ser uma feminista tem fun-

damentado ou corporificado toda minha aprendizagem e, assim, engendrado (*engendered*) o próprio pensamento e o próprio conhecimento. Este pensamento generificado e aquele conhecimento corporificado, situado (numa frase de Donna Haraway), constituem a matéria da teoria feminista...

Desafios e subversões

A pretensão dos Estudos Feministas a princípio foi, como já observamos, tomar a mulher como sujeito/objeto de estudos – ela que fora ocultada ou marginalizada na produção científica tradicional. A partir de distintas perspectivas, estudiosas denunciaram lacunas, apontaram desvios ou criticaram interpretações das grandes teorias; buscaram incorporar as mulheres e, mais adiante, as relações de gênero a essas formulações. Algumas dessas tentativas de integração atingiram conceitos-chave ou categorias centrais e, na opinião de certos/as críticos/as, descaracterizaram as vertentes a que buscavam se filiar. Mas tanto admiradores/as como adversários acabam por admitir que os Estudos Feministas trazem temas, questões e procedimentos novos para o mundo acadêmico (ainda que seguramente suas opiniões quanto à relevância e os efeitos dessa incorporação tenham sido muito distintos). Como diz Bila Sorj (1992, p. 19), a "sociedade moderna construiu um ideal de esfera pública e instituições políticas fundadas numa moral racional" e dessa moral racional estão excluídos "o desejo, a empatia, afetividade, sentimentos". Esses são compreendidos como "manifestações irracionais e, portanto, inferiores" e são também associados ou identificados com as mulheres. Ora, os Estudos Feministas jogam luz sobre essas áreas. Ao fazer isso, revigoram metodologias e procedimentos de investigações, criam estratégias de pesquisa originais, valorizam fontes documentais antes desprezadas, descobrem novas periodizações históricas, permitem-se uma linguagem mais subjetiva e pessoal.

O que acontece não se trata, no entanto, de apenas mais um "acréscimo", seja das mulheres seja de temas e áreas. A subversão que essas incorporações e, principalmente, que os questionamentos feministas vão trazer para o pensamento terá como resultado uma transformação *epistemológica*, uma transformação no modo de construção, na agência e nos domínios do conhecimento.

Com o feminismo surge "uma nova maneira de pensar sobre a cultura, sobre a linguagem, a arte, a experiência e sobre o próprio conhecimento" (LAURETIS, 1986, p. 2). Na verdade, isso ocorre fundamentalmente porque ele redefine o político, ampliando seus limites, transformando seu sentido, sugerindo mudanças na sua "natureza". Se "o pessoal é político", como expressa um dos mais importantes *insights* do pensamento feminista, então se compreenderá de um modo novo as relações entre a subjetividade e a sociedade, entre os sujeitos e as instituições sociais. E a recíproca também pode ser aplicada, pois "o político também é pessoal" – nossas experiências e práticas individuais não apenas são constituídas no e pelo social, mas constituem o social.

Esse *insight* revolucionou formas de pensar e de representar o mundo; expôs conexões e imbricações ocultas entre o privado e o público, permitiu que se observassem vínculos de poder antes desprezados. Contudo é preciso notar que tal compreensão não pode "simplesmente equacionar e confundir os dois ('o pessoal é a mesma coisa que o político', que na prática se traduz por 'o pessoal ao invés do político'), mas manter a tensão entre eles" (LAURETIS, 1986, p. 9). A observação não é gratuita. É possível que, em algumas leituras, tenha sido produzido esse amálgama, o qual pode se constituir, afinal, na *negação* de um dos principais fundamentos do feminismo: a luta política. Ao contrário dessa diluição das instâncias, parece-me que está aqui implicada uma nova compreensão dos sujeitos e da sociedade, na qual as mulheres são percebidas como sujeitos sociais e políticos e ainda como *sujeitos do conhecimento* – o que era negado na concepção iluminista moderna.

A produção de pesquisas feministas no Brasil[1] refletirá, também, essas diferentes leituras, tendências e perspectivas. Iniciada, como em outros centros, em estreita vinculação aos movimentos sociais de mulheres do final dos anos de 1960, desdobra-se e amplia-se em diversas correntes, incorporando teorizações internacionais, enfocando questões específicas marcadas pela conjuntura do país, participando de discussões gerais do feminismo, polemizando internamente. Pesquisadoras se articulam em fundações de pesquisa ou instituições educacionais; núcleos e grupos de estudos da mulher ou de relações de gênero são fundados em várias universidades. Revistas diretamente dirigidas para questões feministas ou que dedicam volumes especiais à pesquisa sobre mulher e gênero procuram fazer circular mais amplamente a produção nacional e internacional[2]. No entanto, por muitas razões – que vão desde as dificuldades de publicação, divulgação e acesso a periódicos e livros especializados até as notórias dificuldades de consumo do professorado brasileiro e de outros setores interessados – esse material ainda tem permanecido em círculos mais ou menos restritos. Além disso, talvez seja temerário dizer que já tenham sido superados os processos de guetização dos Estudos Feministas. Provavelmente de formas mais sutis – e portanto mais difíceis de combater – a consolidação desse campo continua sofrendo restrições. É possível que ainda estejamos vivendo o que uma estudiosa argentina, Marcela Nari (1994), denominou de "relações perigosas" entre a "universidade e os estudos da mulher".

De algum modo, deveríamos supor que a institucionalização desses estudos, com suas críticas às formas convencionais de ensino e de pesquisa acadêmica, sofresse muitos reveses. Por outro lado, é possível que uma maneira de "aceitar" os estudos de mulher e gênero seja mantê-lo com um *status* de *exóticos* (como aliás são geralmente acolhidos os estudos voltados para etnia e raça).

Ao tratar especificamente da pesquisa histórica produzida na universidade argentina, Marcela (1994, p. 17) comenta que é problemática a posição de encarar as mulheres como "uma 'novidade' metodológica ou uma curiosidade" – o que efetivamente elas não são – ou estudá-las como uma forma de tornar mais agradável ou mais "simpática" a "história séria". A historiadora diz que observar as mulheres apenas no espaço do privado pode ser "perigoso", acrescentando:

> É indubitável que se queremos encontrar o passado das mulheres devemos questionar e indagar em áreas "não tradicionalmente históricas"; mas, fundamentalmente, questionar *por que* as mulheres estão ali, que *relações de poder* se estabelecem entre elas, *como se acham interconectadas* com outros campos de poder e até que ponto uma oposição (hierárquica entre o público e o privado, pensado por homens das classes dominantes, pode nos servir (grifos meus).

Sua argumentação chama atenção para algumas das dificuldades de um "enquadramento" no interior de sistemas ou referências estabelecidas. Por outro lado, reforça a ideia de que as vidas das mulheres – em qualquer instância que as examinemos – sempre estarão envolvidas em relações de poder e serão partícipes dessas relações. Suas vidas "não podem se dissociar de relações de poder no interior da sociedade entre gêneros, classes sociais, raças, sob o risco de serem envolvidas num discurso antropológico cheio de curiosidades e banalidades cotidianas" (NARI, 1994, p. 17).

A proposta é, portanto, ir além dos estudos meramente atentos a um superficial e momentâneo "interesse" sobre mulher e gênero. O que se propõe são estudos que ultrapassem a simples adesão *temática*, pesquisas que se disponham a um mergulho teórico-metodológico mais ousado – tarefa que certamente implica desafios de outra ordem.

Sandra Harding (1987) afirma que, a partir dos Estudos Feministas, a experiência das mulheres se tornou uma nova fonte teórica e empírica para investigações. A definição do que se constituiria em um *problema* a ser explicado ou respondido pelas ciências sociais deixava de estar restrita ao universo masculino dominante. Passava-se a admitir que os problemas tinham uma origem interessada, ou seja, que "um problema é sempre um problema para alguém" (HARDING, 1987, p. 7). Na concepção científica tradicional, afirmava-se que "a origem dos problemas ou das hipóteses" não teria relevância para garantir um "bom" resultado de pesquisa; não interessava a fonte dos problemas ou das questões. Indo na contramão desta concepção, as/os feministas buscarão mostrar que um fenômeno pode – ou não – se constituir num problema dependendo de quem se ocupa dele. Portanto importa, sim, quem define o problema, quem faz as questões. Na medida em que as experiências das diferentes mulheres – isto é, das mulheres na sua pluralidade – passam a ser levadas em consideração, essas experiências se constituem numa nova e rica fonte de problemas, elas representam novos recursos para a pesquisa.

Para Sandra essa é uma primeira e importante característica da "melhor" pesquisa feminista. Além disso ela acentua que as questões que essas estudiosas desejam ver respondidas são questões ligadas às suas experiências em lutas políticas, portanto, implicadas em "interrogações sobre como mudar suas condições". Os Estudos Feministas vão acarretar mudanças nos propósitos das ciências sociais: a pesquisa feminista será delineada *para* as mulheres. O que a estudiosa deseja acentuar é, então, que "os propósitos da pesquisa e a análise são inseparáveis da origem dos problemas de pesquisa".

Finalmente, Sandra (1987, p. 9) aponta uma terceira e significativa característica da pesquisa feminista:

> A melhor análise feminista [...] insiste que o/a próprio/a investigador/a seja colocado/a no mesmo plano crítico que o tema pesquisado, fazendo assim com que todo o processo de pesquisa possa ser avaliado através de seus resultados. Isto é, os pressupostos de classe, raça, cultura e gênero, as crenças e os comportamentos do/a próprio/a pesquisador/a devem ser colocados dentro da moldura do quadro que ele/ela pretende descrever. [...] Então o/a pesquisador/a nos aparece não como uma voz de autoridade invisível ou anônima, mas como um

indivíduo real, histórico, com desejos e interesses concretos e específicos.

Uma das contribuições mais provocativas e férteis dos Estudos Feministas consiste, portanto, em reconhecer que os comportamentos, as crenças, as representações das/os pesquisadoras/es feministas interferem nos resultados de suas pesquisas – da mesma forma que interferem as de *qualquer* pesquisador ou pesquisadora. Abandona-se uma pretensão de objetividade, que apenas esconderia ou invisibilizaria a parcialidade sempre insinuada nas análises. Ao invés disso, as características da investigadora (ou do investigador) passam a ser tomadas como "parte da evidência empírica", elas fazem parte da análise, são consideradas relevantes e podem ajudar a ampliar a compreensão do problema. Sandra Harding diz explicitamente que "introduzir este elemento 'subjetivo' na análise aumenta, de fato, a objetividade da pesquisa e diminui o 'objetivismo' que esconde esse tipo de evidência do público".

Por tudo isso, parece-me que fica evidente que os desafios da pesquisa feminista são, fundamentalmente, desafios epistemológicos: referem-se a modos de conhecer, implicam discutir quem pode conhecer, que áreas ou domínios da vida podem ser objeto de conhecimento, que tipo de perguntas podem ser feitas. As respostas que vêm sendo ensaiadas para essas questões têm resultado em algumas mudanças mais evidentes (ou pelo menos mudanças mais facilmente observáveis) na pesquisa em Ciências Sociais e na Educação: o aumento de grupos de pesquisadoras/es comprometidas/os com os Estudos Feministas; a introdução de novas fontes de pesquisa (diários, cartas, fotografias, autobiografias, depoimentos orais); o exame de novos domínios de conhecimento (o cotidiano, os sentimentos, os desejos, os corpos); o uso de novos métodos ou a renovação dos métodos convencionais de investigação (entrevistas coletivas, dramatizações, diários de grupo) etc.

Atender a esses desafios epistemológicos é tarefa muito mais complexa do que realizar um "recorte" temático ou acrescentar um capítulo sobre mulheres nos estudos. Pode ser também uma tarefa mais "arriscada", já que não dispomos de uma indicação metodológica que nos garanta, de modo geral, como alcançar bons resultados. Temos que ser capazes de utilizar criativa e criticamente as teorizações feministas e de estar disponíveis para o questionamento e para o debate com outros campos de estudo progressistas.

Tensões e alianças

Gostaria de problematizar a concepção de uma pesquisa feita *a partir* das mulheres e *para as mulheres*. Ela parece sugerir um certo exclusivismo, ou talvez, o que me parece mais grave, a possibilidade de *isolar* uma identidade "pura", essencial, de mulher. Não por acaso, tensões – e também alianças – têm atravessado os Estudos Feministas e vêm perturbando essa equação. Penso que podemos chamá-las – essas tensões e alianças – de produtivas. Seus primeiros sinais estão ligados, como já observamos, aos questionamentos colocados pelas mulheres de "cor" e pelas mulheres lésbicas, as quais criticavam uma arrogante e generalizante visão branca, heterossexual, ocidental e de classe média presente nas teorizações. O tensionamento que essas problematizações provocaram teve como resultado rupturas, polêmicas internas, revisões e autocríticas. Sem dúvida levou algumas estudiosas a se afastarem, a se filiarem a outros grupos ou a criarem campos específicos de investigações que cuidassem das experiências, das histórias e dos interesses daquelas que se viam esquecidas pela teorização dominante. Por outro lado, muitas pesquisadoras, permanecendo no campo feminista, embarcaram num processo de autorreflexão, procuraram rever suas questões, seus procedimentos e categorias de análise, suas "descobertas".

> Uma vez entendido o caráter arrasadoramente mítico do "homem" universal e essencial que foi sujeito e objeto paradigmático das teorias não feministas. Começamos a duvidar da utilidade de uma análise que toma como sujeito ou objeto uma mulher universal – como agente ou como matéria do pensamento. Tudo aquilo que tínhamos considerado útil, a partir da experiência social de mulheres brancas, ocidentais, burguesas e heterossexuais, acaba por nos parecer particularmente suspeito assim que começamos a analisar a experiência de qualquer outro tipo de mulher (HARDING, 1993, p. 8).

Nesse processo de questionamento e na tentativa de encontrar uma "saída" para os impasses teóricos e políticos, uma reoxigenação começa a se fazer. Estudiosas e estudiosos feministas, que passam a operar com o conceito de gênero, deixam o olhar exclusivo sobre as mulheres para examinar as relações de gênero e, em consequência, passam a incorporar explicitamente em suas análises os homens e a produção social das masculinidades. A revitalização se torna ainda mais intensa a partir dos debates e das alianças com estudiosas/os ligadas/os aos Estudos Negros, aos Estudos Gays e Lésbicos, aos Estudos Culturais. Voltados todos para as "diferenças" – de gênero, sexuais, raciais, nacionais, étnicas, geracionais, culturais –, para as formas como elas são constituídas e fixadas, como são socialmente valorizadas ou negadas, esses vários campos têm, seguramente, múltiplos pontos de contato. Seus objetos de análise são aproximados, as identidades com que lidam se articulam, se misturam e se complexificam. Além disso, a forma como se aproximam dos objetos é semelhante: são campos de estudos marcadamente engajados, dirigidos não apenas para análise, mas para a intervenção social[3]. São ainda campos científicos "abertos", pouco ortodoxos, marcados pelo debate e pela diversidade analítica. Estudos das culturas juvenis, da cultura operária, da mídia, das identidades nacionais, étnicas e sexuais têm "tudo a ver" com gênero, obviamente. As alianças são assim produtivas em todas as direções.

Perderam as feministas a especificidade política? Não acredito. Na impossibilidade de "emancipar *a* mulher", passamos a operar com e numa sociedade onde todos os sujeitos exercitam e sofrem efeitos de poder, onde mulheres e homens são muitas "coisas" ao mesmo tempo (têm múltiplas identidades) e, sendo múltiplos, participam de intrincadas redes de poder. Nossas análises e nossas formas de intervenção não podem abandonar as mulheres, mas serão mais eficientes à medida que considerarem a pluralidade e a contingência dos sujeitos envolvidos. Os Estudos Feministas representaram uma "virada" fundamental para o pensamento ocidental, mas sem a reoxigenação resultante das alianças teóricas e políticas com outros estudos críticos é possível que eles tivessem se asfixiado, que tivessem se estreitado e se sufocado em suas próprias fronteiras.

Entendo que as formulações contemporâneas mais críticas dos Estudos Feministas são, portanto, aquelas que estão atentas e abertas às formulações desses "novos" campos – o que, mais uma vez, reafirma o caráter de contínuo questionamento e constante construção teórico-metodológica. Não é à toa que os textos mais instigantes das/os teóricas/os contemporâneas/os são plenos de perguntas e pouco afeitos às afirmações categóricas. Todas/os se movem contando com a instabilidade do terreno, admitindo-a e, finalmente, tirando partido dela. Mais uma vez não se trata de um processo de *colagem* ou de mera justaposição; os estudos de distintos campos culturais provocam perguntas, perturbam argumentos dualistas, complexificam as análises e, assim, parecem trazer-lhes maior densidade.

As mulheres e os homens feministas precisam estar atentas/os às relações de poder que se inscrevem nas várias dinâmicas sociais – das quais elas e eles tomam parte. A integração dos Estudos Feministas a outros estudos progressistas, longe de representar um enfraquecimento político, representa, ao contrário, um ganho para o feminismo. Não há por que temer debates ou tensões teóricas; eles podem significar novas e produtivas alianças, podem resultar em outros modos de análise e de intervenção social, talvez capazes de alterar, de forma mais efetiva, as complexas relações sociais de poder.

Notas

1. Dispomos de alguns estudos que permitem observar a produção acadêmica realizada no país e acompanhar a literatura "consumida" pelas/os estudiosas/os brasileiras/os. Na área da Educação, parece-me especialmente interessante o trabalho *Mulher e educação formal no Brasil: Estado da arte e bibliografia*, realizado por Fúlvia Rosemberg, Edith Pompeu Piza e Thereza Montenegro, publicado em 1990. (Saiba mais sobre este estudo no capítulo 7.)

2. Comento algumas dessas publicações no capítulo seguinte, embora não tenha pretensão ou condições de realizar aqui um levantamento da produção brasileira voltada aos estudos de mulher e gênero.

3. Heloisa Buarque de Hollanda (1994, p.8), discutindo o "feminismo em tempos pós-modernos", traz a opinião de Edward Said, autor de *Orientalismo* (livro que examina a forma como o Ocidente "constrói" o Oriente, como o representa e interpreta). Ela afirma que, "segundo Said, os estudos feministas, assim como os estudos étnicos ou anti-imperialistas, promovem um

deslocamento radical de perspectiva ao assumirem como ponto de partida de suas análises o direito dos grupos marginalizados de falar e representar-se nos domínios políticos e intelectuais que normalmente os excluem, usurpam suas funções de significação e representação e falseiam suas realidades históricas".

7
Para saber mais:
revistas, filmes, *sites*, livros...

N a elaboração dos argumentos teóricos e das indicações empíricas deste livro vali-me de muitas fontes, registradas ao longo do texto. Um olhar atento terá notado a presença significativa de títulos ou de autoras/es estrangeiras/os, o que se explica, sem dúvida, pela maior tradição e estatuto acadêmico que os estudos de gênero e sexualidade adquiriram nesses países. Apesar dos esforços de estudiosas e estudiosos brasileiras/os, o debate dessas questões, aqui, ainda permanece restrito a alguns círculos. São exceções as disciplinas ou atividades acadêmicas voltadas para gênero e sexualidade nos cursos de graduação e pós-graduação e são ainda muito poucas as publicações dedicadas a tais temáticas, se compararmos estes indicadores com as grades curriculares e a quantidade de revistas e livros disponíveis em países como os Estados Unidos, Inglaterra, França ou Alemanha, por exemplo. Por outro lado, parece evidente que há um crescente interesse nesse campo no Brasil e é notável o empenho que vários grupos vêm fazendo no sentido de realizar pesquisas e de divulgá-las, de produzir textos e materiais escolares alternativos, de introduzir essas questões em suas salas de aula, de traduzir trabalhos e de participar, das mais distintas formas, dos debates e da construção teórica internacional.

Este livro procura se juntar a esse esforço coletivo. Os questionamentos e as reflexões feitas por estudantes e por colegas, nas aulas e nos encontros e, principalmente, nas discussões do *Geerge – Grupo de Estudos de Educação e Relações de Gênero* (Faced/UFRGS), constituíram-se no guia básico para a organização do texto. Diante de problemas que pareciam especialmente complexos, frente a impasses teóricos, recorremos ao estudo de diferentes autoras e autores e nos lançamos ao debate, aceitando limitações e provisoriedades. A forma como apresentei tais reflexões constituiu-se, evidentemente, num quadro parcial, provisório e limitado de possíveis relações entre *Gênero, Sexualidade e Educação*. Para aquelas/es que desejarem saber mais sobre tais questões indico, a seguir, algumas revistas, livros e filmes que me parecem especialmente interessantes e que estão disponíveis em português ou espanhol. Obviamente não tenho nenhuma pretensão de fazer um "levantamento" de referências, mas apenas sugerir (e comentar) alguns dos recursos a que tive acesso.

Gostaria de começar por algumas revistas brasileiras. *Estudos Feministas*, editada pelo Instituto de Filosofia e Ciências Sociais (IFCS/UFRJ) e pelo Programa de Pós-Graduação em Ciências Sociais (PPCIS/Uerj), com caráter multidisciplinar, parece-me especialmente importante. A revista vem se dedicando, desde 1992, a "difundir o conhecimento de ponta na área dos estudos feministas, ampliando e aprimorando esse campo de estudo não apenas entre especialistas, mas também entre este e os demais campos de conhecimento" (Editorial da *REF*, número zero, 1992). Apesar das dificuldades que tem enfrentado para manter sua periodicidade e mesmo sua "existência", a revista vem, de fato, mantendo seu propósito, não apenas por apresentar textos nacionais de qualidade, mas também pela tradução de artigos estrangeiros importantes (geralmente teóricos e de vanguarda) que assim se tornam acessíveis a um público maior. Autoras como Donna Haraway e Bell Hooks têm lugar em suas páginas (apenas para citar dois nomes de importantes estudiosas feministas reconhecidas internacionalmente). Além dos artigos, a *REF* traz resenhas e informações e um dossiê temático. Dentre os dossiês, vale citar, por exemplo: "Mulher e violência" (Vol. 1, n. 1/93); "Mulher e direitos reprodutivos" (Vol. 1, n. 2/93); "O feminismo hoje" (Vol. 2, n. 3/94); "Mulheres negras" (Vol. 3, n. 2/95); "Ações afirmativas" (Vol. 4, n. 1/96).

Cadernos de Pesquisa, editada pela Fundação Carlos Chagas, é provavelmente uma das publicações que há mais tempo vem apresentando artigos e pesquisas relacionadas aos estudos de mulher, gênero e sexualidade. Um interessante "balanço" dessa publicação pode ser encontrado na edição de número 80, de fevereiro de 1992, que comemora os vinte anos da revista. Ali dois artigos sintetizam a produção: "Mulheres na Escola", de Fúlvia Rosemberg e Tina Amado; e "Uma contribuição ímpar: os *Cadernos de Pesquisa* e a consolidação dos estudos de gênero", de Albertina de Oliveira Costa e Cristina Bruschini. Como os títulos indicam, esses artigos revisam, historicamente, as publicações da revista sobre mulher e gênero e se constituem numa referência importante e útil para pesquisadoras/es e demais interessados.

Com o caráter de um "balanço crítico da produção acadêmica" apresenta-se a publicação intitulada *Mulher e educação formal no Brasil: Estado da arte e bibliografia*, assinada por Fúlvia Rosemberg, Edith Pompeu Piza e Thereza Montenegro, com a participação de Tina Amado (Inep, FCC, Reduc, 1990). Este também me parece um texto especialmente útil para aquelas pessoas que desejam se "localizar" com referência à produção brasileira ou à literatura sobre mulher e educação que tem circulado no país. Na primeira parte do livro é construído um "estado da arte", apoiado em levantamento bibliográfico, onde são apontadas algumas das questões e das vertentes teóricas das produções entre 1975-1989 (as principais áreas enfocadas são história, escolaridade, trabalho, corpo). A Segunda parte do livro é constituída basicamente de listagens bibliográficas.

Outra revista acadêmica que tem dado um destaque especial às questões relacionadas à mulher/gênero/sexualidade e educação é *Educação e Realidade*, editada pela Faculdade de Educação da Universidade Federal do Rio Grande do Sul. Além de alguns artigos sobre essa temática, publicados em números diversos, duas edições especiais foram organizadas. O volume 16 (2), de julho/dezembro de 1990, organizado por Eliane Marta Teixeira Lopes e por mim, teve como título "Mulher e Educação" e apresentou vários textos de autoras nacionais (um de autora portuguesa) acrescidos de duas traduções de artigos teóricos (o clássico texto de Joan Scott, "Gênero: uma categoria útil de análise histórica", e, de Robert Connel, "Como teorizar o patriarcado?"). Um segundo volume de *Educação e Realidade* especialmente dedicado a esse campo foi o de julho/dezembro de 1995, volume 20 (2), que trazia o dossiê "Gênero e Educação". Também ali se incluíam algumas traduções importantes (dentre elas o artigo "A dominação masculina" de Pierre Bourdieu). A revista continua na proposição de artigos teóricos "de ponta" no número imediatamente seguinte, volume 21 (1), de janeiro/julho de 1996, especialmente através do texto de Deborah Britzmann: "O que é essa coisa chamada amor: identidade homossexual, educação e currículo".

Cadernos Pagu, editada pelo Núcleo de Estudos de Gênero da Unicamp é outra referência significativa. Também aqui se encontram, junto a artigos e pesquisas nacionais, traduções importantes (vale conferir, por exemplo, o número 3 de 1994 que reproduz o confronto entre as historiadoras Joan Scott e Louise Tilly, ou, como diz a revista, entre "pós-estruturalismo" e "história social", acrescido do comentário crítico de Eleni Varikas).

Nos últimos anos, algumas editoras lançaram traduções de obras clássicas do feminismo, bem como publicaram textos brasileiros. (Dentre essas deve ser registrada a Editora Rosa dos Ventos que se dedica especialmente a esse campo.) Qualquer tentativa no sentido de organizar, aqui, uma listagem desses títulos seria frustrada e, certamente, iria refletir meu acesso circunstancial a algumas obras em detrimento de outras. Por isso, optei por indicar algumas coletâneas nacionais, já que essas geralmente constroem quadros "sínteses" da produção brasileira ou em circulação no país. Exemplar disso são alguns livros publicados pela Fundação Carlos Chagas: *Rebeldia e submissão. Estudos da condição feminina* (de 1989), *Entre a virtude e o pecado* (de 1992), ambos organizados por Albertina Costa e Cristina Bruschini, e *Novos olhares: Mulheres e relações de gênero no Brasil* (organizado por Bila Soj e Cristina Bruschini, 1994). Todas essas coletâneas são constituídas por pesquisas apoiadas pela Fundação Carlos Chagas, ganhadoras de seus concursos de dotação de bolsas para estudiosas/os de mulher e de gênero. Publicado também por essa Fundação e a Editora Rosa dos Ventos, *Uma questão de gênero* (1992), organizado por Albertina Costa e Cristina Bruschini, reúne artigos apresentados no seminário "Estudos sobre Mulher no Brasil: avaliação e perspectivas", realizado em 1990, em São Roque, São Paulo. Outra coletânea atraente é *Tendências e impasses – O feminismo como crítica da cultura*, organizada por Heloisa

Buarque de Hollanda (Editora Rocco, 1994). Nesse caso, afora a introdução da organizadora (que reflete sobre o "feminismo em tempos pós-modernos") todos os demais artigos são constituídos de traduções, onde se enfoca de modo especial a questão da "diferença". Recentemente (1997), a Editora Contexto publicou uma *História das mulheres no Brasil*. Com uma abordagem plural (tanto no que se refere ao número de autoras e autores quanto a temas, questões ou metodologias de análise), essa publicação busca traçar um quadro brasileiro construído à semelhança da *História das mulheres* organizada por Michelle Perrot e Georges Duby e que se refere à chamada "história ocidental" (Editora Afrontamento, Porto, vários volumes).

Publicações voltadas para professores e professoras (de crianças e adolescentes) que tratem das questões de gênero e sexualidade se restringem, geralmente, aos livros de Educação Sexual. No entanto, vale destacar um "guia prático para educadores e educadoras", publicado pela Universidade de São Paulo (mais especialmente pelo *Nemge* – Núcleo de Estudos da Mulher e Relações Sociais de Gênero e pela *Cecae* – Coordenadoria Executiva de Cooperação Universitária e atividades Especiais) que é distinto dessas outras publicações. Intitulado *Ensino e Educação com Igualdade de Gênero na Infância e na Adolescência*, o guia procura introduzir o conceito de gênero e propõe uma série de estratégias para promover a igualdade de gênero no âmbito escolar. É um material interativo que pretende estimular a autoavaliação e apontar sugestões para as ações de professores/as. Ao final, o livro traz ainda indicações de "vídeos sobre gênero" e "fontes de informações e recursos". Ainda que, eventualmente, se possa questionar algumas de suas abordagens, o guia é, sem dúvida, uma iniciativa importante e bem-direcionada.

No tocante aos livros sobre Educação Sexual, acrescento apenas mais algumas informações sobre textos já citados no capítulo 5.

Minha primeira Biblioteca de Iniciação Sexual e Afetiva é, como o nome sugere, uma coleção de livros (*Por que somos meninos e meninas?; O que fazem o papá e a mamã?; E de onde saiu este bebê?; Nada de confusões!*). Trata-se da tradução, feita em Portugal, de obra realizada por uma equipe de sexólogos, pedagogos e psicólogos espanhóis (Caterina Candia, Mercedes Botella, Pillar Lopezosa e José Morfa). Ainda que o enfoque biológico pareça prevalecer em alguns livros, de um modo geral as questões são tratadas de uma forma mais ampla, com uma abordagem psicológica, cultural e social. Enfocando "a afetividade e a sexualidade dos casais em geral", diferentes formas de viver em família, "modificações físicas", "falsas crenças sobre sexualidade" ou ainda "prevenção sobre as formas usuais de abordagem sexual", e muitos outros temas, cada um dos livros traz textos e ilustrações voltados "para crianças a partir dos seis anos de idade".

Dirigido a "pré-adolescentes e adolescentes", o livro *Sexo..., qué es? Desarrollo, cambios corporales, sexo y salud sexual*, também é uma tradução (neste caso espanhola) de uma obra inglesa (escrita por Robie Harris e ilustrada por Michel Emberly). O livro pareceu-me especialmente interessante e inovador diante da maioria daqueles a que usualmente temos acesso. Sentimentos, transformações físicas e psicológicas, formas de exercício da sexualidade, como partilhar ou "compartir", conservação da saúde, etc., são trabalhados com uma linguagem textual e gráfica muito expressiva, que muito provavelmente atrairá os/as leitores/as a quem se dirige.

Escrito para crianças de zero a seis anos (e, então, para seus pais, mães ou educadores/as), o livro *Mi sexualidad*, edição argentina do original canadense (de Jocelyne Robert), vale a pena ser examinado. O prefácio informa que "a criança vive a sua sexualidade através das circunstâncias cotidianas e que esta sexualidade faz parte também do fascinante desenvolvimento que a caracteriza". A proposta da autora é que os adultos possam compartilhar com as crianças das descobertas e dos jogos que o livro propõe. Suas ilustrações são mais simples do que as dos livros anteriormente comentados, mas procuram, junto a textos curtos, enfocar questões como "toque", "sensualidade", "autoerotismo", "jogos sexuais", "nascimento", "prevenção de abusos sexuais".

Seria impossível deixar de mencionar como fonte de recursos para os estudos de gênero e sexualidade o veículo que representa atualmente a maior revolução na comunicação e na informação: a internet. Mesmo que seu acesso pelos/as brasileiros/as ainda seja restrito, a "rede" não pode ser mais ignorada (cresce intensamente o número daqueles/as que nela se integram). Para quem domina sua linguagem e seus outros códigos (a informática e o inglês), são vários os *sites* de busca que poderiam ser acessados (Para citar apenas um deles: *Yahoo – Society and Culture: http:www.Yahoo.com/Society_And_Culture/gender/*). Através desses *sites* abrem-se inúmeros outros "endereços". Outra via de acesso interessante são as *homepages* das diversas universidades, dos institutos de pesquisa ou das bibliotecas virtuais. Novamente encontraremos um número excepcional de informações, novas páginas e, algumas vezes, até mesmo textos que podem ser copiados. Certamente a maior parte de nossas buscas nos levará a *sites* estrangeiros. No entanto, também podemos encontrar informações sobre as questões que nos interessam em endereços nacionais. Observe, por exemplo, a *homepage* do *Programa avançado de cultura contemporânea – PACC* (*http://pub1.lncc.br:80/pacc/*) ou da *Educação pós-crítica* (*http:www.ufrgs.br/faced/tomaz*) – ambas lidam com os Estudos Culturais e trazem pistas e *links* sugestivos. O *Geerge* – Grupo de Estudos de Educação e Relações de Gênero também tem sua página (*http://www.ufrgs.br/face/geerge)*, com alguns textos *on-line* e indicações de novas pistas para outras buscas. Por fim, dentre as centenas de referências, vale destacar (especialmente por se tratar de indicações em português e espanhol) uma página intitulada *Bibliografia sobre sexualidade e estudos de gênero na América Latina*, localizável no seguinte endereço: *http:// spgr.sppt.tulane.edu/LASA/LASAbiblio*.

Filmes e vídeos também podem se constituir numa forma excelente de avançar a discussão sobre gênero e sexualidade. Na verdade, poderíamos fazer uma "leitura" nessa perspectiva de *qualquer* filme ou vídeo, inclusive daqueles onde aparentemente nada há que sugira tais questões (afinal a ausência já pode se constituir num bom tema para análise). No entanto, alguns títulos, principalmente nos últimos tempos, têm se ocupado de modo especial das relações de gênero, das construções da masculinidade e da feminilidade, das sexualidades, das ambiguidades e das transgressões das fronteiras sexuais e de gênero. Vale a pena ver ou rever esses filmes junto às leituras sugeridas. Nosso olhar provavelmente estará renovado e talvez sejamos capazes de valorizar elementos despercebidos, registrar pistas ou códigos ignorados, elaborar críticas antes não imaginadas. Também nesse campo as sugestões poderiam ser inúmeras. Aponto apenas algumas:

Vitor ou Vitória (Victor/Victoria, 1982); Conta comigo (Stand by me, 1986); Flores de aço (Steel Magnolias, 1989); Uma linda mulher (Pretty Woman, 1990); Telma e Louise (Thelma & Louise, 1991); Lanternas vermelhas

*(Raise the Red Lantern, 1991); Virginia (Virginia, 1992);
M. Butterfly (M. Butterfly, 1993); Filadélfia (Philadelphia,
1993); O banquete de casamento (Hsi Yen/The Wedding
Banquet, 1993); Kids (Kids, 1994); Priscilla, a rainha
do deserto (The adventures of Priscilla, 1996).*

Especialmente interessante seria a leitura de alguns
textos que fazem uma análise feminista do cinema. (Por
exemplo, de K. Maio, *Popcorn and Sexual Politics. Movie
reviews by Kathi Maio.* Freedom: The Crossing Press,
1991; de Jeffords, S. *Hard bodies; Hollywood masculinity
in the Reagan Era.* New Brunswick: Rutgers University
Press, 1994; de Hadleigh, B. *Las películas de Gays y de
Lesbianas.* Trad. Núria Pujol i Valls. Barcelona: Paidós,
1996, ou ainda o livro organizado por J. Nelmes, *An Intro-
duction to Film Studies.* Londres e Nova York: Routledge,
1996 – nesta obra especialmente a parte 4 referente à representação de gênero e sexualidade.) Em português, encontramos análises de alguns filmes sob a ótica dos Estudos
Culturais e, então, atentas também às questões feministas,
em: "Memória e Pedagogia no Maravilhoso Mundo da
Disney", de Henry Giroux, incluído no livro organizado
por Tomaz Tadeu da Silva. *Alienígenas na sala de aula –
Uma introdução aos estudos culturais em Educação* (Petrópolis: Vozes, 1995); e, também de Giroux, "O filme
Kids e a política da demonização da juventude", na revista
Educação e Realidade, volume 21 (1), jan/jul.1996.

Todas essas indicações são, é claro, apenas uma pequena "amostra" de possíveis recursos para ampliar o estudo e a discussão das questões de gênero, sexualidade e educação.

Referências bibliográficas

AMERICAN HERITAGE DICTIONARY, Versão eletrônica.

ANTHIAS, F. & YUVAL-DAVIS, N. *Racialized boundaries* – Race, nation, gender, colour and class and the anti-racist struggle. Londres/Nova York: Routledge, 1993.

AZEREDO, S. "Teorizando sobre gênero e relações raciais". *Estudos Feministas*. Número especial, outubro 1994.

BEAUVOIR, S. de. *Le deuxième sexe*. Paris: Gallimard, 1949.

BITTENCOURT, C. "As 'tradições nacionais' e o ritual das festas cívicas". In: PINSKY, J. (org.). *O ensino de História e a criação do fato*. São Paulo: Contexto, 1988.

BRAH, A. "Difference, diversity and differentiation". In: DONALD, J. & RATTANSI, A. (org.). *Race, culture and difference*. Londres: Sage, 1992.

BRITZMAN, D. "O que é essa coisa chamada amor – Identidade homossexual, educação e currículo". *Educação e Realidade*. Vol. 21 (1), jan./jul. 1996.

CANDIA, C.; BOTELLA, M.; LOPEZOSA, P. & MORFA, J. *Minha primeira biblioteca de iniciação sexual e afectiva*. Queluz: Impala, 1995.

CARVALHO, J.M. *A formação das almas*. São Paulo: Companhia das Letras, 1990.

CONNELL, R. "Políticas da masculinidade". *Educação e Realidade*. Vol. 20 (2), jul./dez. 1995.

DALTON, M. "O currículo de Hollywood". *Educação e Realidade*. Vol. 21 (1), jan./jun. 1996.

DAUPHIN, C. "Mujeres solas". In: DUBY, G. & PERROT, M. (orgs.). *Historia de las Mujeres* – El siglo XIX: Cuerpo, trabajo e modernidad. Madri: Taurus, 1993.

DIAS, M. "Novas subjetividades na pesquisa histórica feminista: uma hermenêutica das diferenças". *Estudos Feministas*. Vol 2. (2), 1994.

DICIONÁRIO AURÉLIO. Versão eletrônica, julho 1994.

DONEY, M. & DONEY, M. *Quem me fez?* São Paulo: Paulinas, 1991.

EAGLETON, T. *Teoria da Literatura*: uma introdução. São Paulo: Martins Fontes, 1983.

FELIPE, J. *Cadernos de Educação Básica*. Vol. 3. Porto Alegre: Mediação, 1997.

FIORI, N. *A educação nos tempos do Estado Novo*: a construção da identidade nacional [Exposição fotográfica. XVIII Reunião Anual da Amped, 1995].

FLAX, J. "Pós-modernismo e as relações de gênero na teoria feminista". In: HOLLANDA, H. (org.). *Pós-modernismo e política*. Rio de Janeiro: Rocco, 1992.

FLORESTA, N. *Opúsculo humanitário* (1953). São Paulo: Cortez/Inep, 1989.

FORQUIN, J.-C. *Escola e cultura*. Porto Alegre: Artes Médicas, 1993.

FOUCAULT, M. *Microfísica do poder.* 11. ed. Rio de Janeiro: Graal, 1993.

_____. *História da sexualidade* – Vol. 1: A vontade de saber. 11. ed. Rio de Janeiro: Graal, 1988.

_____. *Vigiar e punir.* 7. ed. Petrópolis: Vozes, 1987.

FRIEDMAN, B. *The feminine mystique.* Londres: Penguin, 1963.

HALL, S. "A questão da identidae cultural". In: HALL, S.; HELD, D. & McGREW, T. (orgs.). *Modernity and its futures.* Cambridge: Polity/Open University, 1992.

HARDING, S. (org.). *Feminism & methodology.* Bloomington/Indianápolis: Indiana University Press/Open University Press, 1987.

HARDING, S. A instabilidade das categorias analíticas na teoria feminista. *Estudos Feministas.* Vol. 1 (1), 1993.

HARRIS, R. *Sexo... qué es?* – Desarrollo, cambios corporales, sexo y salud sexual. Barcelona: Serres, 1996.

HOLLANDA, H. (org.). *Tendências e impasses*: o feminismo como crítica da cultura. Rio de Janeiro: Rocco, 1994.

JOHNSON, R. "Sexual dissonances: or the 'impossibility' of sexuality education". *Curriculum Studies.* Vol. 4 (2), 1996.

KATZ, J. *A invenção da heterossexualidade.* Rio de Janeiro: Ediouro, 1996.

KIBBY, M. *Representing masculinity.* [on-line] Disponível na internet via www. URL:http://www.faass.newcastle.edu.au/cocanth/REPRESEN.HTM.

KIRK, D. & SPILLER, B. "Schooling for diocitility-utility: drill, gymnastics and the problem of the body in Victorian elementary schools". In: MEREDYTH, D. & Tyler, D. (org.). *Child and citizen* – Genealogies of schooling and subjectivity. Austrália: Graffith University, 1993.

LAURETIS, T. "A tecnologia do gênero". In: HOLLANDA, H. (org.). *Tendências e impasses* – O feminismo como crítica da modernidade. Rio de Janeiro: Rocco, 1994.

_____. "Upping the anti (sic) in feminist theory". In: DURING, S. (org.). *The Cultural Studies reader*. Londres/Nova York: Routledge, 1993.

_____. "Feminist Studies/Critical Studies: Issues, terms, and contexts". In: LAURETIS, T. (org.). *Feminist Studies/ Critical Studies*. Bloomington/Indianápolis: Indiana University Press., 1986.

LOURO, G. "Mulheres nas salas de aulas". In: PRIORI, M. (org.). *História das mulheres no Brasil*. São Paulo: Contexto, 1997.

_____. "Gênero, História e Educação: construção e descontração". *Educação e Realidade*. Vol. 20 (2), jul./dez. 1995a.

_____. "Produzindo sujeitos masculinos e cristãos". In: VEIGA-NETO, A. (org.). *Crítica pós-estruturalista e Educação*. Porto Alegre: Sulina, 1995b.

_____. "Magistério de 1º grau: um trabalho de mulher". *Educação e Realidade*. Vol. 14 (2), jul./dez. 1989.

LUKE, C. "Feminist pedagogy theory: Reflections on power and authority". *Educational Theory*. Vol. 46 (3). Verão, 1996.

MAC AN GHAILL, M. "Deconstructing heterosexualities within school arenas". *Curriculum Studies*. Vol. 4 (2), 1996.

MACHADO, R. "Por uma genealogia do poder – Introdução". In: FOUCAULT, M. *Microfísica do poder*. 11. ed. Rio de Janeiro: Graal, 1993.

MAIA, A. "Sobre a analítica do poder de Foucault". *Tempo social*. São Paulo, 7 (1-2), out. 1995.

MESSNER, M. "Boyhood, Organized Sports, and the construction of masculinities". In: KIMMEL, M. & MESSNER, M. (org.). *Men's lives*. 2. ed. Nova York/Toronto: MacMillan Pusblishing Co./Maxwell MacMillan Canada, 1992a.

_____. *Power at play*: sports and the problem of masculinity. Boston: Beacon Press, 1992b.

MICELI, P. "Por outras histórias do Brasil". In: PINSKY, J. (org.). *O ensino de História e a criação do fato*. São Paulo: Contexto, 1988.

MILLET, K. *Sexual politics*. Londres: Hart-Davis, 1969.

NARI, M. "Relaciones peligrosas: Universidad y Estudios de la Mujer". *Feminaria*. Ano VII (12), maio de 1994.

POLLOCK, G. "Missing women – Rethinking early thoughts on images of women". In: SQUIRES, C. (org.). *The critical image*. Seatle: Bay Press, 1990.

PORTINARI, D. *O discurso da homossexualidade feminina*. São Paulo: Brasiliense, 1989.

ROBERT, J. *Mi sexualidad (de 0 a 6 años)*. Buenos Aires: Ediciones Nueva Visión, 1987.

ROSEMBERG, F. "Educação sexual na escola". *Cadernos de Pesquisa*, 53, maio 1985.

ROSEMBERG, F.; PIZA, E. & MONTENEGRO, T. *Mulher e educação formal no Brasil*: Estado da arte e bibliografia. Brasília: Inep/Reduc/FCC, 1990.

SEDWICK, E. "Axiomatic". In: DURING, S. (org.). *The Cultural Studies reader*. Londres: Routledge, 1993.

SCOTT, J. "Deconstructing equality-versus-difference: or, the uses of poststructuralist theory for feminism". *Feminist Studies*. 14 (1). Primavera, 1988.

SCOTT, J. "Gênero: uma categoria útil de análise histórica". *Educação e Realidade*. Vol. 20 (2), jul./dez. 1995.

SCRATON, S. *Educación Física de las niñas*: un enfoque feminista. Madri: Morata, 1992.

SILVA, A. *A discriminação do negro no livro didático*. Salvador: Centro Editorial e Didático/Ceao, 1995.

SILVA, T.T. *Identidades terminais* – As transformações na Política da Pedagogia e na Pedagogia da Política. Petrópolis: Vozes, 1996.

SORJ, B. "O feminismo na encruzilhada da modernidade e pós-modernidade". In: COSTA, A. & BRUSCHINI, C. (orgs.). *Uma questão de gênero*. Rio de Janeiro/São Paulo: Rosa dos Ventos/Fundação Carlos Chagas, 1992.

SPENDER, D. "Instituciones educativas – Donde a la cooperación se le lhama trampa". In: SPENDER, D. & SARAH, E. (org.). *Aprender a perder*. Buenos Aires: Paidós, 1993.

_____. "Trucos de desapariciones". In: SPENDER, D. e SARAH, E. (org.). *Aprender a perder*. Buenos Aires: Paidós, 1993.

THORNE, B. *Gender play* – Girls and boys in school. New Brunswick/New Jersey: Rutgers University Press, 1993.

TYACK, D. & HANSOT, E. *Learning Together*. Nova York: Russel Sage Foundation, 1992.

VARELA, J. & ALVAREZ-URIA, F. "A maquinaria escolar". *Teoria e Educação*, 6, 1992.

WALKERDINE, V. "O raciocínio em tempos pós-modernos". *Educação e Realidade*. Vol. 20 (2), jul./dez. 1995.

WEEKS, J. *El malestar de la sexualidad*: significados, mitos e sexualidades modernas. Madri: Talasa, 1993.